Der Franchisevertrag

Hermann Riedl • Martin Niklas

Der Franchisevertrag

Fallstricke, Hilfestellungen und Organisationen

3. Auflage

Springer Gabler

Hermann Riedl
Riedl Consult
Wustermark, Deutschland

Martin Niklas
Essen, Deutschland

ISBN 978-3-658-42593-7 ISBN 978-3-658-42594-4 (eBook)
https://doi.org/10.1007/978-3-658-42594-4

Die Deutsche Nationalbibliothek verzeichnet diese Publikation in der Deutschen Nationalbibliografie; detaillierte bibliografische Daten sind im Internet über https://portal.dnb.de abrufbar.

Planung/Lektorat: Guido Notthoff
Springer Gabler ist ein Imprint der eingetragenen Gesellschaft Springer Fachmedien Wiesbaden GmbH und ist ein Teil von Springer Nature.
Die Anschrift der Gesellschaft ist: Abraham-Lincoln-Str. 46, 65189 Wiesbaden, Germany

Geleitworte

Franchise PORTAL

Hermann Riedl und Martin Niklas sind langjährige und tiefgehende Kenner der Franchisewirtschaft, die ich sehr schätze. Unsere Wege kreuzen sich sehr regelmäßig und ich freue mich bei jedem Treffen über den fundierten fachlichen Austausch. Großer Dank gebührt ihnen, dass sie ihr rechtliches sowie unternehmerisches Franchise-Wissen über ein solches Buch allen Interessierten zur Verfügung stellen. Ich möchte ganz herzlich zur neuen Auflage gratulieren und hoffe, dass es weiter viele Menschen dazu inspiriert , der Franchisewirtschaft großartige neue Konzepte und Ideen hinzuzufügen.

Steffen Kessler

DEUTSCHER FRANCHISEVERBAND

Von Seiten der Qualitätsgemeinschaft des professionellen Franchisings in Deutschland gratulieren wir den Autoren herzlich zu dieser ebenso informativen wie bedeutenden 3. Auflage von „Der Franchisevertrag“. Dieses Werk erläutert den Aufbau, die Funktion und nicht zuletzt die Bedeutung des Franchisevertrages für eine funktionierende Franchisepartnerschaft aus der Praxis und leistet damit einen wichtigen Beitrag für die Rechtssicherheit und Professionalisierung von Franchisesystemen.

Deutscher Franchiseverband e.V.

ÖFV

Herzlichen Glückwunsch den Autoren zur gelungenen 3. Auflage! Ihre umfassende Expertise und praxisbezogenen Erkenntnisse bieten eine wertvolle Informationsquelle. Basierend auf langjähriger Erfahrung, analysieren sie sorgfältig Problemstellungen und betrachten breit Gestaltungsmöglichkeiten sowie operative Lösungen in verschiedenen Branchen. Wir danken den Autoren dafür, dieses wertvolle Wissen zu teilen. Das Buch trägt damit auch ganz wesentlich zur fundierten Auseinandersetzung mit aktuellen Themen, relevanten Fragestellungen sowie den damit verbundenen Herausforderungen, Entwicklungen und Trends bei. Ein unverzichtbarer Begleiter und Praxisleitfaden!

Österreichischer Franchiseverband

Vorwort zur dritten Auflage

Fast sechs Jahre sind vergangen seit dem Erscheinen der ersten Auflage unseres Standardwerks „Der Franchisevertrag – Fallstricke, Hilfestellungen und Organisationen".

Gerade im Franchiserecht, welches in Deutschland nicht gesetzlich kodifiziert ist, schreitet die Entwicklung mit jedem neuen Urteil voran. Gleichzeitig führen auch die teilweise sich überschlagenden Entwicklungen in Zeiten der Digitalisierung dazu, dass sich die Anforderungen an eine Franchisepartnerschaft und damit an die zugrunde liegenden Franchiseverträge ebenfalls ändern.

In der 3. Auflage wurden insbesondere rechtliche Neuerungen eingearbeitet, soweit sie sich beispielsweise aus der neuen EU-Vertikal-GVO und dem Geschäftsgeheimnisschutzgesetz ergeben. Zusätzlich wurden im einführenden ersten Kapitel mehrere grundlegende Themen neu hinzugefügt, so z. B. das Thema Selbstauskunft des Franchisenehmers, kartellrechtliche Erläuterungen, Gedanken zur Aufgabenverteilung in der Franchisepartnerschaft, zu gewerblichen Schutzrechten, zur Abgrenzung von andere Vertriebssystemen und zur Internationalisierung von Franchisesystemen.

Wir hoffen, allen am Franchising Interessierten, und insbesondere jenen, die sich auf die eigene Vertragsgestaltung oder auf Vertragsverhandlungen vorbereiten, wertvolle und teilweise auch neue Anstöße liefern zu können.

Wustermark, Deutschland — Hermann Riedl
Essen, Deutschland — Martin Niklas

Vorwort zur ersten Auflage

Häufig reicht ein Blick in das Gesetz, wenn es um die Rechtsfindung beim Ausgestalten von Verträgen geht, oder auch bei strategischen Entscheidungen in allen Bereichen eines Unternehmens. Jedoch nicht beim Franchising. Immer wieder ergeben sich in den Unternehmen oder auch bei spezialisierten Anwälten offene Fragen zur Rechtsprechung im Bereich Franchising, zum Beispiel im Vertragsrecht, bei der Haftung, bei Immobilien, zur Expansion oder zu Vertrieb oder Marketing, deren Antworten im Rahmen der Recherche nicht selten nur mit einem hohen zeitlichen und finanziellen Aufwand gegeben werden können. Dieses Buch gibt dem Nutzer Antworten, kann aber auch über etwaige Hinweise zur Rechtsprechung zum Thema „Franchisevertrag", dessen Aufbau und Fallstricke aus der Praxis informieren.

Die Rechtsprechung in Deutschland zum Thema Franchising ist kein einfaches Thema, denn die Problematik liegt darin, dass es in Deutschland keine fest definierte gesetzliche Regelung gibt. Diesbezüglich ist man immer mehr auf einzelne Urteile in vergleichbaren Fällen angewiesen, um Maßnahmen oder Entscheidungen daran auszurichten.

Andere Länder, zum Beispiel Belgien, Frankreich, Italien, Schweden, Spanien und zukünftig auch Griechenland, besitzen gesetzliche Regelungen zum Thema Franchising und haben hier Rechte und Pflichten umfassend oder in Teilbereichen klar geregelt.

Wir möchten in diesem Buch die Zielgruppe der Rechtsanwälte, der Franchisegeber und künftiger oder auch bestehender Franchisenehmer, aber auch Unternehmen ansprechen, um die Verknüpfung von Franchisevertrag und dessen operativen Nutzen herauszustellen, als Grundlage und Denkanstoß, damit ein Franchisevertrag praktisch nutzbar gestaltet werden kann.

Das Buch orientiert sich an vielen Erfahrungen aus der Praxis im Bereich Recht und Unternehmenssteuerung und den daraus resultierenden Problemstellungen, teilweise auch anderweitiger Rechtsprechung, soweit sie sich direkt auf franchiserelevante Fragestellungen bezieht, oder zumindest dort analog anwendbar ist. Der Darstellung verschiedener Gestaltungsmöglichkeiten schließen sich dann Gedanken hinsichtlich der Konsequenzen für das operative Geschäft an, einerseits hinsichtlich einer Vermeidung von Konflikten im Rahmen der Systemgestaltung, andererseits hinsichtlich konkreter Lösungsmöglichkeiten. Dieses Buch bietet selbstverständlich kein vollständiges Bild des Franchiserechts in Deutschland. Auch kann keinerlei Gewähr für eine Vollständigkeit und für eine erhoffte Rechtssicherheit übernommen werden.

Die für alle wichtigen Regelungsbereiche eines typischen Franchisevertrags aufgeführten verschiedenen Beispielklauseln repräsentieren dabei nicht nur optimale, sondern teilweise auch in der Praxis vorkommende rechtlich bedenkliche Lösungen. Auch passen nicht alle jeweils aufgeführten Varianten einer Klausel zu jeweils allen Varianten anderer Regelungsbereiche. Schließlich fehlen auch einige typische Klauseln eines Franchisevertrages, wie beispielsweise Regelungen zur Haftung, zur Schriftform, oder eine salvatorische Klausel, weil diese in den meisten Verträgen fast identisch sind, und weil deren Inhalte allenfalls für spezifisch juristische Diskussionen taugen. Daher eignet sich dieses Buch nicht dazu, sich aus den dargestellten Beispielvarianten beliebig einen Franchisevertrag „zusammenzubasteln".

Insgesamt ergibt sich jedoch in der Zusammenschau ein breit gefächertes Bild eines Franchisevertrages und der möglichen operativen Lösungen aus den Bereichen Handel, Retail, Gastronomie, Handwerk, Beratung und anderen Dienstleistungszweigen. Dabei dienen die Musterformulierungen der Einarbeitung in die jeweilige Thematik, der Entscheidungsfindung und dem Abgleich mit vorhandenen oder geplanten Prozessstrukturen.

Wir wünschen Ihnen viel Spaß beim Lesen.

Martin Niklas Hermann Riedl

Inhaltsverzeichnis

Über die Autoren

Martin Niklas Rechtsanwalt **Martin Niklas** ist Gründer und Inhaber der in Essen und Berlin ansässigen „Anwaltskanzlei Niklas – Franchising, Marketing, Immobilien". Als Fachanwalt für Handels- und Gesellschaftsrecht beschäftigt er sich seit vielen Jahren in besonderer Weise mit dem Thema „Franchising" und vertritt sowohl Franchisenehmer als auch Franchisegeber. Er ist „Assoziierter Experte" im Deutschen Franchiseverband (DFV) und Mitglied des DFV-Rechtsausschusses.

Er widmet sich der nachhaltigen Ausrichtung von Franchisesystemen und hat sich insbesondere auch im Bereich „Social Franchising" über Deutschland hinaus einen Namen gemacht. Rechtsanwalt Niklas berät Existenzgründer bei regelmäßig stattfindenden Sprechtagen für Franchise-Interessenten bei der Industrie- und Handelskammer Essen/Mülheim/Oberhausen, genauso wie Franchisesysteme im Rahmen der Systemkonzeption und -weiterentwicklung.

Niklas ist Lehrbeauftrager für Franchiserecht an der Staatlichen Studienakademie Plauen, Studiengang „Handel und Internationales Management", Studienrichtung Systemgastronomie. Er publiziert regelmäßig in juristischen Fachzeitschriften und Online-Medien zu franchisespezifischen und sonstigen vertriebsrechtlichen Themen.

Hermann Riedl ist seit knapp 30 Jahren im Dienstleistungs-gewerbe tätig und bringt einen großen Erfahrungsschatz aus den unterschiedlichsten Unternehmenskulturen und Branchen mit. Die Basis für das unternehmerische Denken sammelte er bereits als Jungunternehmer in der klassischen Gastronomie und nahm in Folge, Führungsaufgaben bei PepsiCo, Pizza Hut und Kentucky Fried Chicken im Bereich Franchise und der Operative wahr. Bei McDonald's Deutschland bekleidete Hermann Riedl die Position eines Director Operation und war verantwortlich für die Fachbereiche Franchise, Bau, Immobilien, Personal und Operations. International war Hermann Riedl als Managing Director/Geschäftsführer Partnerbrand/McDonald's International für Systemaufbau, Entwicklung und Operation verantwortlich. Des Weiteren begleitete Hermann Riedl, diverse abteilungsübergreifende Positionen in der Geschäftsführung von nationalen und internationalen Unternehmen.

2009 wurde die Beratungsgesellschaft RiedlConsult gegründet. Die besondere Kompetenz von RiedlConsult besteht in der Restrukturierung und Entwicklung von Franchisesystemen sowie der strategischen Ausrichtung von Filialisten und Unternehmen. Die Mandatserfahrungen erstrecken sich vom Existenzgründer zum Franchisegeber, von der klassischen Konzernstruktur im Filialsystem und Franchise, bis hin zur systematischen, vernetzten Unternehmensführung. Ein weiterer Bereich ist die Mandatsträgerschaft von Aufsichts- und Beiratsfunktionen, sowie die strategische Beratung von Kapitalgesellschaften im Unternehmenskauf oder Restrukturierungen.

Hermann Riedl ist zudem Gründer und Anteilseigner eines IT-Unternehmens, das durch Partner und Fachspezialisten geführt wird. Zum Aufgabenspektrum gehören die Entwicklung von Schnittstellenprogrammierung, Erstellung von Vertriebsmodulen mit KI-Systemen, Shopsystemen, Internetportalen sowie Dienstleistungen für technisch verknüpfte Systemhandbücher.

Seit 2014 ist Hermann Riedl Buchautor beim Verlag Springer Gabler mit der Publikation des Fachbuches „**Praxisleitfaden Franchising 3. Auflage – Strategien und Werkzeuge für Franchisegeber und -nehmer**", dem Fachbuch „**Der Franchisevertrag 3. Auflage**" und dem Fachbuch „**Digitalisierung um Filialsystem**".

Vorüberlegungen zum Franchisevertrag 1

Grundlegend sollten bei einem Franchisevertrag immer die Interessen der beiden Parteien zu Beginn der Gestaltung den Vordergrund gestellt werden. Der Franchisevertrag stellt den rechtlichen Rahmen, sowie die Basis der Zusammenarbeit zwischen Franchisenehmer und Franchisegeber dar. Schon vor dem eigentlichen Vertragsabschluss bestehen zwischen den potenziellen Partnern wechselseitige Rechte und Pflichten, die gerade beim Franchisevertrag eine wichtige Rolle spielen können. Nicht selten wird vergessen, die Beweggründe für einen Franchisevertrag und den Ursprung für das Interesse des Franchisesystems seitens des Franchisenehmers zu definieren. Der Franchisegeber hat ein klares Bild seiner Zielsetzung, ebenso der Franchisenehmer, welcher als eigenständiger Unternehmer auftritt und für alle rechtlichen und wirtschaftlichen Belange des Franchisestandortes gerade stehen muss. Der Franchisevertrag ist im rechtlichen Sinne ein Formularvertrag. Gerade aus dieser Sicht sind bestehende Verträge meist mit Inhalten überfrachtet, welche im Zusammenhang die Beweggründe widerspiegeln, aber in keinster Weise die Zusammenarbeit klar und prozessorientiert wiedergegeben.

▶ Grundlegend sollten immer im Vorfeld die Belange und Interessen beider Vertragsparteien in den Blick genommen werden, damit der Franchisevertrag nicht nur Formsache ist, sondern auch ein Bestandteil der Unternehmensphilosophie wird.

H. Riedl, M. Niklas, *Der Franchisevertrag*, https://doi.org/10.1007/978-3-658-42594-4_1

Übersicht

Interessen in einem Franchisevertrag – Franchisegeber:

- Die Franchiseidee soll zu 100 % vom Franchisenehmer kopiert, präsentiert und geführt werden.
- Der Franchisenehmer setzt sich für die Franchisemarke an seinem Standort und in seiner Region ein.
- Der Franchisenehmer investiert finanzielle Mittel zur Expansion und zum Erhalt des Standortes.
- Der Franchisenehmer ist loyal zum System und vertritt die Philosophie des Unternehmens zu 100 % nach innen und außen.
- Verbindliche Expansion durch den Franchisenehmer, anhand eines Expansionsplanes.
- Umsetzung des Franchisesystems mit Wachstum im Bereich Kennzahlen und Finance.
- Kontrollierbare, rechtssichere und markensichere Prozessstruktur.

Interessen in einem Franchisevertrag – Franchisenehmer:

- Durchdachtes und strukturiertes Franchisesystem
- Klare Prozessstruktur und Prozesssicherheit
- Zukunftsperspektive in Vermögensaufbau und Expansion
- Mehr als marktübliche Verzinsung des eingesetzten Kapitals, genannt RoI
- Führungsstarker Franchisegeber
- Markensicherheit hinsichtlich Systemstruktur und Prozessen
- Systemsicherheit in finanzieller Hinsicht und Wirtschaftlichkeit
- Zeitgemäßes Franchisesystem mit Innovation und Weiterentwicklung
- Ineinandergreifende Trainings und Operationssysteme

Fallstrick

Ein Franchisevertrag allein stützt nicht die partnerschaftliche Zusammenarbeit in einem System. Grundlegend sollte immer zu einem Franchisevertrag auch das Prozesshandbuch für die Zusammenarbeit zwischen Franchisegeber und Franchisenehmer in einer klar definierten Prozessstruktur ausgearbeitet werden. Dieses Handbuch, genannt auch Administrationsmanual, ist rechtlich mit dem Franchisevertrag abzugleichen, und die Inhalte sind den Vertragsinhalten anzupassen.

Nicht selten werden Franchiseverträge standardisiert und Unternehmensprozesse passen nicht zu den Vertragsinhalten. Wir unterscheiden das Handbuch der Systemgundlagen, das Administrationsmanual und den Franchisevertrag im Aufbau und in den Inhalten, weil diese unterschiedlichen Zielgruppen zugeordnet sind und somit auch unterschiedliche Bedürfnisse erfüllen (vgl. Abb. 1.1).

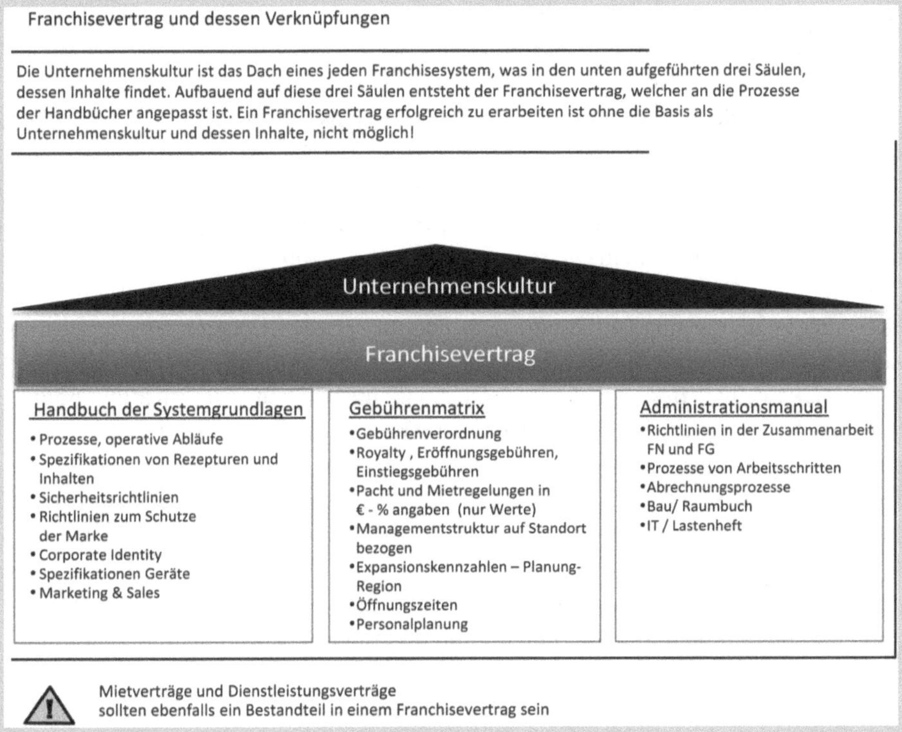

Abb. 1.1 Franchisevertrag und dessen Verknüpfungen

1.1 Aufgabenverteilung innerhalb einer Franchisepartnerschaft

Franchisegeber und Franchisenehmer sind diejenigen klassischen Begriffe, die auch in der juristischen Diskussion und bei der Verwendung in Verträgen immer noch vorherrschen, weil sie in nüchterner Art und Weise beschreiben, welcher Vertragspartner hier welche Hauptfunktion hat. Allerdings wird im weniger juristisch geprägten Diskurs mittlerweile überwiegend der Begriff Franchisepartner, entweder für den Franchisenehmer, oder aber auch für beide Vertragspartner, verwendet. Angemessen ist dieser Begriff allemal, denn gerade das Franchising zeichnet sich in seiner Idealgestalt aus als Partnerschaft mit unterschiedlichen Aufgaben. Zwar ist es einerseits der Franchisegeber, der ein von ihm entwickeltes und erprobtes Geschäftskonzept zur Verfügung stellt und im Rahmen einer

Franchisevertragspartnerschaft an selbstständige Franchisenehmer lizenziert, und andererseits der Franchisenehmer, der dieses Geschäftskonzept am „Point of Sale" umsetzt. Ohne den Franchisegeber gäbe es kein Geschäftsmodell, ohne den Franchisenehmer – abgesehen von Pilotbetrieben – keine Umsetzung desselben. Beide Vertragspartner wirken also zusammen mit dem Ziel, das Geschäftsmodell und damit auch das Geschäft mit den systemtypischen Waren oder Dienstleistungen erfolgreich zu machen, und die das ganze Franchisesystem prägende Marke zu stärken.

Im Rahmen dieser „Partnerschaft für profit" gibt es neben der Zurverfügungstellung auf der einen und der Umsetzung des Geschäftsmodells auf der anderen Seite klar abgegrenzte Aufgabenbereiche.

Aufgabe des Franchisenehmers ist es, das Geschäftskonzept optimal umzusetzen, gerade im Hinblick auf die konkreten Bedingungen seines jeweiligen Standortes, und verbunden mit den vom Franchisegeber zur Verfügung gestellten Marketinginstrumenten und Marketingstrategien. Für das überregionale Marketing, beispielsweise im Onlinebereich und in überregionalen Medien, wiederum ist der Franchisegeber zuständig. Ebenfalls ist es eine Aufgabe des Franchisegebers, dass betreffende Geschäftsmodell fortzuentwickeln, und den sich ändernden Kundenwünschen, Marktbedingungen und rechtlichen Anforderungen immer wieder anzupassen, während der Franchisenehmer zum einen aufgrund seiner konkreten Erfahrungen am „Point of sale" den hierzu erforderlichen Input liefert, und andererseits die Weiterentwicklungen des Geschäftsmodells umsetzen muss.

Auch bei Angriffen von außen auf die Marke gibt es eine klar geregelte Aufgabenverteilung zwischen Franchisegeber und Franchisenehmer. Letztlich wirken beide zusammen im Interesse des Gesamtsystems und im Interesse der Reinhaltung und Stärkung der Marke. Auch in den Bereichen, in denen Franchisegeber und Franchisenehmer von der Außenwelt und damit auch vom Markt und von den Kunden als Einheit – meist der Einfachheit halber lediglich bezeichnet mit dem betreffenden Markennamen – wahrgenommen werden, gibt es klare Aufgabenverteilungen zwischen Franchisegeber und Franchisenehmer, wenn es beispielsweise um eine Haftung für entstandene Schäden beim Kunden, oder auch für Wettbewerbsverstöße des Franchisenehmers geht.

All diese Wechselbeziehungen und die genaue Abgrenzung der jeweiligen Aufgaben müssen im Franchisevertrag exakt definiert und geregelt werden.

1.2 Abgrenzung zu Lizenzverträgen und anderen Vertriebsformen

1.2.1 Lizenzvertrag

Der Lizenzvertrag gewährt das Recht zur Umsetzung eines Geschäftskonzeptes. Dies kann reine Markenlizenzen, Patentlizenzen, oder Know-How-Lizenzen beinhalten.

Ein vertraglich aufgestelltes Lizenzsystem bietet bei manchen Geschäftsmodellen seine Vorteile, denn ein Lizenzvertrag gewährt nur Rechte und beinhaltet keine größeren Verpflichtungen – außer der Pflicht, als Gegenleistung Lizenzgebühren zu zahlen.

Ein Lizenznehmer ist also nicht verpflichtet, das, was er nutzen darf, auch tatsächlich zu nutzen. Daher gibt es auch selten so etwas wie echte Lizenzsysteme, da eine Lizenz sich in der Regel auf die Vertragsbeziehung zwischen dem Lizenzgeber und dem jeweils einzelnen Lizenznehmer beschränkt.

Dennoch sind manche Systeme, die nach außen hin den Eindruck eines Franchisesystems vermitteln, in Wirklichkeit nur Lizenzsysteme. Dann nämlich, wenn sich im Vertrag keine Pflicht zur Umsetzung des Geschäftskonzeptes findet, und wenn der so genannte Franchisegeber auch keine nachhaltigen Verpflichtungen zur Unterstützung des so genannten Franchisenehmers übernimmt. Solche Systeme bieten den Vorteil, dass im Falle wirtschaftlichen Misserfolgs der Betrieb einfach eingestellt werden kann.

Die Nachteile bei einem Lizenzvertrag bestehen darin, dass trotz scheinbarer Sicherheit eines erprobten Geschäftsmodells der Lizenznehmer auf sich allein gestellt bleibt, auch wenn er mit der Umsetzung vor Ort nicht zurechtkommt. Solche im rechtlichen Sinne als Lizenzsysteme zu betrachtenden Geschäftskonzepte im Umfeld des Franchisings bilden aber auch deshalb die Ausnahme, weil auch der Lizenzgeber bei solch einer Vertragsgestaltung wenig Einfluss darauf hat, ob und wie gut sein Geschäftskonzept von seinen Lizenznehmern umgesetzt wird. Dies wird auf Dauer zu einer Verwässerung des Markenauftritts führen.

1.2.2 Der Franchisevertrag

Bei einem Franchisevertrag werden beiden Parteien nicht nur Rechte, sondern auch Pflichten einräumt. Ein seriöses Franchisesystem bietet für die Franchisenehmer eine umfassende Unterstützung in Form von Prozessen, Tools und Regelwerken an, welche sowohl bei der Gründung des Franchise-Unternehmens, als auch zur Betriebsführung als selbstständiger Unternehmer hilfreich und unerlässlich sind.

Durch die Unterzeichnung des Franchisevertrages hat der Franchisenehmer das Recht zur Umsetzung und auch die Verpflichtung der Umsetzung der Systemvorgaben und der damit verbundenen Regelwerke übernommen. In vielen Franchiseverträgen ist daher auch ausdrücklich geregelt, dass der Franchisenehmer seine gesamte Arbeitskraft in seine Unternehmung stecken muss. Echte unternehmerische Selbstständigkeit korrespondiert hier beim Franchising mit einem engen Eingebunden sein in feste Strukturen eines erprobten Geschäftsmodells.

Die Nachteile bei einem Franchisevertrag gegenüber einem bloßen Lizenzvertrag bestehen darin, dass der Franchisenehmer bei Unzufriedenheit oder bei ausbleibendem wirtschaftlichem Erfolg nicht einfach seine Tätigkeit einstellen kann. Er hat sich weiterhin zu bemühen, das Beste zu geben und zur Weiterentwicklung des gesamten Franchisesystems an seinen konkreten Standort beizutragen. Aufgrund der streng geregelten Umsetzungspflicht ist der Franchisenehmer auch in seiner eigenen Kreativität beschränkt. Trotz Selbstständigkeit bleibt er gebunden an die oft sehr detailliert formulierten Vorgaben und Richtlinien des Franchisegebers, die dieser erstellt hat, um die Einheitlichkeit des Markenerlebnisses für den Kunden zu erhalten.

1.2.3 Agentur-Franchisevertrag

Häufiger als allgemein bekannt gibt es Vertriebssysteme, die sich als Franchisesysteme darstellen und teilweise auch so bezeichnen, im Grunde genommen aber juristisch als Handelsvertretersysteme einzuordnen sind. Weil Handelsvertreter in anderen Rechtsordnungen häufig auch als Agents oder Agenten bezeichnet werden, hat sich hier der Begriff Agentur-Franchising etabliert. Strategisch und hinsichtlich der exakten Umsetzung eines erprobten Geschäftsmodells ist alles wie beim Franchising. Jedoch handelt der konkrete Partner vor Ort gegenüber seinen Kunden nicht im eigenen Namen und auf eigene Rechnung, sondern im Namen und auf Rechnung des hinter ihm stehenden Systemgebers. Dies bedeutet beispielsweise bei einem Bäckerei-Agentur-Franchisesystem, dass der Partner seine Backwaren nicht von bestimmten Lieferanten oder gar vom Franchisegeber kauft und dann seinen Kunden weiterveräußert, sondern dass er sie zu keinem Zeitpunkt selbst erwirbt und lediglich im Namen des hinter ihm stehenden Systemgeber verkauft. Der Vorteil aus Sicht des Partners besteht darin, dass ihn keinerlei Lagerrisiko trifft.

1.3 Kartellrechtliche Implikationen bei einem Franchisevertrag

Gerade bei kleineren Franchisesystemen sorgt bereits die Verwendung des Begriffes „Kartellrecht" immer wieder für ungläubiges Staunen. Denn bekannt ist das Kartellrecht im Zusammenhang mit Absprachen großer Konzerne, die im Sinne einer funktionierenden Marktwirtschaft und zum Schutze der Verbraucher verboten sind. Aber auch der Franchisegeber und der Franchisenehmer sind selbstständige Unternehmer, welche im Rahmen eines Franchisevertrages zahlreiche Absprachen treffen. Sehr viele dieser Absprachen, also der konkreten Klauseln, haben wettbewerbsbeschränkenden Charakter, weil sie größtenteils den Franchisenehmer hinsichtlich der Art und Weise seines konkreten Verhaltens auf dem Markt einschränken, da er sich an die Vorgaben des Franchisekonzepts halten muss. Da es sich also bei einem Franchisevertrag um ein Vertragswerk mit zahlreichen wettbewerbsbeschränkenden Klauseln handelt, welches zwischen selbstständigen Unternehmen abgeschlossen wird, unterliegt auch diese Vertragsbeziehung der Kontrolle durch das Kartellrecht. Alle diese Absprachen sind dem Grunde nach verboten. Allerdings gelten Franchiseverträge unter bestimmten Bedingungen dennoch als erlaubt, sie gelten als freigestellt vom Kartellverbot. Warum? Weil es im Rahmen eines Franchisesystems ein schützenswertes Know-how gibt, welches dazu dient, viele selbstständige Unternehmer, nämlich die Franchisenehmer, erfolgreich zu machen, und zudem den Endkunden ein attraktives Angebot an Waren und Dienstleistungen zu unterbreiten. Daher gelten Franchisesysteme trotz der wettbewerbsbeschränkenden Klauseln als gewünscht und als der sich entfaltenden freien Marktwirtschaft zuträglich. Die Freistellung vom Kartellverbot, die sich unter anderem aus der EU-Gruppenfreistellungsverordnung für vertikale Vereinbarungen (Vertikal-GVO) und aus dem deutschen Gesetz gegen Wettbewerbsbeschränkungen (GWB) ergibt, besteht daher nur dann, wenn es auch tatsächlich ein schützenswertes Know-how gibt, und wenn dieses Know-how auch in überprüfbarer Weise dokumentiert ist. Franchiseverträge sind daher rechtlich in der Regel nur dann zulässig, wenn sich das dem Geschäftskonzept zugrunde liegende Know-how nicht in allgemein bekannten Banalitäten erschöpft, und wenn es zudem eine umfassende Know-how Dokumentation, in der Regel in Form eines Franchisehandbuchs, gibt.

Ist ein solcher Franchisevertrag dann also erst einmal aufgrund des vorhandenen und dokumentierten Know-hows vom Kartellverbot freigestellt, so gibt es dennoch bestimmte Arten von Klauseln, sogenannte Schwarze Klauseln oder Kernbeschränkungen, die diese Freistellung wieder zunichte machen. Es handelt sich dabei um die aus Sicht des Gesetzgebers für die freie Marktwirtschaft besonders schädlichen Vereinbarungen, die unter keinen Umständen geduldet werden sollen. Die prominentesten Beispiele dafür sind das Verbot der Preisbindung, sowie das Verbot der Einschränkung des passiven Vertriebs. Übersetzt bedeutet dies, dass ein Franchisegeber seinen Franchisenehmern niemals, von einigen eng begrenzten Ausnahmen abgesehen, die Preise vorschreiben darf, zu denen die Dienstleistungen oder Waren an Endkunden verkauft werden. Und außerdem, dass es auch im Falle der Zuteilung konkreter Vertragsgebiete dem jeweiligen Franchisenehmer niemals verboten werden darf, Kunden anzunehmen, die aus eigener Initiative aus fremden Vertragsgebieten an ihn herantreten.

Zahlreiche weitere wettbewerbsbeschränkende Klauseln sind kartellrechtlich relevant, sodass nicht nur die Wirksamkeit mancher Klauseln, sondern auch die Wirksamkeit des Franchisevertrages insgesamt immer wieder bedroht ist, wenn bei der Vertragsgestaltung nicht die notwendigen Vorkehrungen getroffen werden.

1.4 Überfrachtung von Franchiseverträgen

In vielen Unternehmen ist der Franchisevertrag ein wachsendes Instrument und somit von Vertragsabschluss zu Vertragsabschluss unterschiedlich. In rechtlicher Sicht wird der Franchisevertrag jedem Standort und jedem Franchisenehmer explizit angepasst, jedoch in der operativen Umsetzung wird das Ziel der Sicherung des Systems und der Definition einer klaren Zusammenarbeit weit verfehlt. Aus heutiger Sicht erstellt man einen Franchisevertrag, welcher die Grundphilosophie der Zusammenarbeit als Gesamtes in einem Vertragswerk für alle Franchisestrukturen dargestellt. Dieser Vertrag bietet die Basis für eine offene und klar strukturierte Zusammenarbeit.

Zum Franchisevertrag ist es unumgänglich, ein Handbuch für Franchisenehmer und Franchisegeber, genannt Administrationsmanual, abgestimmt auf den Franchisevertrag, mit allen seinen Prozessstrukturen im System der Zusammenarbeit auszuarbeiten.

Hier werden Abläufe verpflichtend für beide Vertragsparteien im Detail festgehalten, was zum Beispiel die Zusammenarbeit, die Expansion, die Vertragsverlängerung, die Operative und vieles mehr betrifft.

Der Vorteil eines standardisierten Franchisevertrags und eines solchen Handbuches besteht darin, dass alle Franchiseverträge auf einer Vertragsstruktur aufbauen können. Alle über den Inhalt des Vertrages hinausgehenden weiteren Informationen, wie Rechte und Pflichten, lassen sich in einem Administrationsmanual zusätzlich zum Systemhandbuch für die operative Umsetzung unmissverständlich erfassen. Nicht zu verwechseln ist das Administrationsmanual mit dem allgemeinen Franchisehandbuch, genannt in Folge Handbuch der Systemgrundlagen. Während Letzteres das systemspezifische Know-how dokumentiert und als Anleitung zur Umsetzung des Franchisekonzeptes am jeweiligen Standort dient, beschreibt Ersteres rechtsverbindlich die Prozesse und Strukturen in der Beziehung zwischen Franchisegeber und Franchisenehmer in allen entscheidenden Punkten der Vertragsdurchführung.

▶ Ein Franchisevertrag allein kann nie die Aufgaben, Rechte und Pflichten, sowie Abläufe in einem Unternehmensprozess abbilden. Der Franchisevertrag bildet den Rahmen der Zusammenarbeit zwischen Franchisegeber und Franchisenehmer und das Administrationsmanual gibt detaillierte Arbeitsaufträge, Leitfäden und Prozesse zum Vertragsinhalt wieder.

Übersicht

Vorteile für Franchisenehmer – Franchisevertrag & Administrationsmanual:

- Übersichtliches Regelwerk über das Franchisesystem und das Franchisekonzept
- Franchisevertrag bildet die Basis, das Administrationsmanual ist die „Gebrauchsanweisung zur Umsetzung" von Prozessen und die Richtlinien der Zusammenarbeit
- Klare und unmissverständliche Kommunikation der Richtlinien
- Verknüpfte Prozessstruktur mit dem Franchisevertrag
- Beide Parteien können sich an klar definierte Regelwerke halten
- Zielvereinbarungen richten sich nach der Prozessstruktur

Vorteile für Franchisegeber– Franchisevertrag & Administrationsmanual:

- Klare Definition und Anforderungen der Zusammenarbeit zwischen Franchisenehmer und Franchisegeber
- Planbare Zielsetzung auf Basis einer eindeutigen Prozessdarstellung
- Rechtliche Rahmenbedingungen sind nach Themen klar aufgebaut, erklärt und dargestellt
- Übersichtliche Vertragsstruktur

Fallstrick
Franchiseverträge werden aus dem Internet kopiert oder bestehende Franchiseverträge werden aus Vorlagen zusammengestückelt. Franchiseverträge sind nicht schlüssig und nicht auf das System und dessen Bedürfnisse abgestimmt. Zusätzlich werden Prozessstrukturen, welche die Zusammenarbeit zwischen Franchisegeber und Franchisenehmer widerspiegeln, in Handbücher der Systemgrundlagen eingebaut, die aber von Mitarbeitern genutzt werden sollen, obwohl die Inhalte der Prozessabläufe keinen Bezug zu den Aufgaben des Mitarbeiters haben. Franchiseverträge sind sinnlos überfrachtet und Systemhandbücher erfüllen kaum ihren Zweck zur Systemführung. Grundlegend ist die Franchiseidee weit entfernt von einem System, da Aufgabenfelder und dessen Abläufe und Prozessstrukturen nicht ineinander greifen. Diesbezüglich schafft der Franchisegeber eine unternehmerische Kreativität im System und der Systemgedanke sowie die Macht einer Systemkette sind nicht vorhanden. Und dadurch ist vor allem auch keine Rechtssicherheit gegeben!

1.5 Vorvertragliche Aufklärungspflichten

Für jeden Franchisevertrag ist die Selbstauskunft des Franchisenehmers eine wichtige Voraussetzung für die Zusammenarbeit. Mit der Selbstauskunft erfüllt der künftige Franchisenehmer die vorvertragliche Aufklärungspflicht gegenüber dem Franchisegeber.

Beispielinhalte für Aufklärungspflichten:

- Historie des Franchisesystems, Aufbau und Funktionen der Franchisezentrale
- Anzahl Franchisenehmer, Anzahl gescheiterter Franchisenehmer
- Betriebswirtschaftliche Kennzahlen aufgrund tatsächlicher Erfahrungswerte
- Risiken und Chancen
- Mitbewerber, Standortrisiken
- Funktionsweise des Franchisesystems und dessen Handbücher
- Ausbildung und Unterstützung seitens des Franchisegebers
- Gebühren zum Franchisevertrag
- Marketing-, Sales- und Imagekampagnen
- Bezugspflichten von Waren und Dienstleitungen inkl. Preisangaben
- Verwendung der Rückvergütungen (z. B. Qualitätsmanagement, Einkauf)
  - Risiken Vertragsende – Vertragsauflösungen, Vertragsverlängerung
  - Risiken, insbesondere bei jungen Franchisesystemen

1.5.1 Aufklärungspflichten des Franchisegebers

Der Franchisegeber hat die Pflicht, den Franchisenehmer vor Vertragsunterzeichnung über Risiken und Vertragsinhalte zu informieren. Wenn der Franchisegeber durch unrealistische Angaben im Zusammenhang mit Umsatz- und Gewinnaussichten beim zukünftigen Franchisenehmer falsche Vorstellungen weckt, so kann dieser nicht nur versuchen, den Vertrag wegen vorsätzlicher Täuschung anzufechten, sondern er kann vor allem auch Schadenersatzansprüche, gegebenenfalls sogar auch gegen einen als Vermittler eingesetzten Berater, geltend machen. Daher sollte der Franchisegeber seiner Aufklärungspflicht nachkommen und dem Franchisenehmer nur nachvollziehbare Kennzahlen und Systeminformationen zur Verfügung stellen.

1.5.2 Aufklärungspflichten und Selbstauskunft des Franchisenehmers

Aber auch der potenzielle Franchisenehmer hat dem Franchisegeber über seine wirtschaftlichen Verhältnisse wahrheitsgemäß auf Zukunft zu erteilen, damit in der Betriebsführung bzw. der Ausübung der vertraglichen Verpflichtung keine Folgeprobleme entstehen. Bei jedem Franchisevertrag ist die Selbstauskunft des Franchisenehmers eine wichtige Voraussetzung. Sie ist ein Dokument, das vom potenziellen Franchisenehmer wahrheitsgemäß ausgefüllt werden muss. Die Informationen über seine persönlichen und finanziellen Verhältnisse sind ein Bestandteil für die zukünftige Zusammenarbeit zwischen Franchisenehmer und Franchisegeber. Diese Informationen dienen dem Franchisegeber dazu, eine fundierte Entscheidung über die Vergabe von Franchiselizenzen zu treffen. In den meisten Franchisesystemen ist die Selbstauskunft eine Grundvoraussetzung für das 2. Bewerbungsgespräch, wobei in dieser Gesprächsrunde dann auch systemrelevante Inhalte, wie zum Beispiel Kennzahlen, diverse Prozesse, sowie Rechte und Pflichten für beiden Vertragspartner besprochen werden.

Die Selbstauskunft ist ein wichtiges Instrument, um die Transparenz und Vertrauenswürdigkeit des potenziellen Franchisenehmers zu überprüfen. Der Franchisegeber hat das Recht, bestimmte Informationen anzufordern, um sicherzustellen, dass der Franchisenehmer die erforderlichen Voraussetzungen zur Systemführung mitbringt und in der Lage ist, die Verpflichtungen aus dem Franchisevertrag zu erfüllen.

Es ist wichtig, dass der Franchisenehmer beim Ausfüllen der Selbstauskunft ehrlich und vollständig agiert, da falsche Angaben rechtliche Konsequenzen haben können. Der Franchisegeber kann aufgrund von falschen oder unvollständigen Informationen den Franchisevertrag anfechten und Schadensersatzansprüche geltend machen.

Es ist ratsam, sich vor der Unterzeichnung eines Franchisevertrags rechtlich von einem im Bereich Franchising erfahrenen Anwalt beraten zu lassen, um sicherzustellen, dass sowohl die Rechte und Pflichten des Franchisegebers als auch die des Franchisenehmers verständlich werden.

1.6 Status eines Franchisenehmers und Scheinselbstständigkeit

Scheinselbstständigkeit im Zusammenhang mit Franchising bezieht sich auf die rechtliche Einordnung der Beziehung zwischen dem Franchisegeber und dem Franchisenehmer. Es gibt bestimmte Kriterien, die erfüllt sein müssen, um als selbstständiger Unternehmer im Rahmen eines Franchisevertrags angesehen zu werden. Wenn diese Kriterien nicht erfüllt sind, könnte dies als Scheinselbstständigkeit betrachtet werden, was erhebliche rechtliche und steuerliche Konsequenzen haben kann. Es ist wichtig, dass sowohl der Franchisegeber als auch der Franchisenehmer die geltenden Gesetze und Vorschriften beachten, um mögliche Probleme zu vermeiden.

Die diesbezügliche Gefahr liegt in der weitgehenden Eingebundenheit des Franchisenehmers in das Franchisesystem und in der Verpflichtung zur exakten Umsetzung der im Franchisevertrag und in den Handbüchern beschriebenen Prozesse. Die einem selbstständigen Unternehmers zukommende Handlungsfreiheit darf nur aus zwingenden Gründen eingeschränkt werden, wenn die Prozesse dazu dienen, die Franchisemarke und das System hinsichtlich Funktionalität, Profitabilität und Kundenerwartung zu schützen.

Eine schriftlich niedergelegte Weisungsgebundenheit hinsichtlich der konkreten alltäglichen Tätigkeit und eine persönliche oder wirtschaftliche Abhängigkeit des Franchisenehmers wären Indizien für eine Scheinselbstständigkeit.

Abzugrenzen von einer in den heute auf dem Markt befindlichen Franchisesystemen seltenen Scheinselbstständigkeit, die letztlich zu einer Arbeitnehmereigenschaft des Franchisenehmers führt, ist die Rentenversicherungspflicht des Soloselbstständigen. Dieses Phänomen gibt es in zahlreichen kleineren Franchisesystemen, in denen sogenannte Einmann-Franchisenehmer lediglich in geringem Maße Aushilfskräfte beschäftigen. Die dann vom Gesetz angeordnete Rentenversicherungspflicht hat jedoch nichts mit Scheinselbstständigkeit oder mit Abstrichen bei der unternehmerischen Selbstständigkeit zu tun.

1.7 Die Marke und andere Gewerbliche Schutzrechte in einem Franchisesystem

Neben dem zum Betrieb eines Business nach dem Geschäftsmodell des Franchisegebers erforderlichen Know-how ist die Marke meist das zweite große Pfund, mit dem ein Franchisegeber wuchern kann. Gerade die Marke steht aus Kundensicht für ganz konkrete Produkte und Dienstleistungen, für eine ganz bestimmte Qualität, und für ein ganz bestimmtes Markenerlebnis. Die Marke ist gleichsam ein Versprechen an den Kunden, dass bestimmte Qualitätsmerkmale vorhanden sind, und dass die mit der Marke verbundenen Erwartungen erfüllt werden. Gerade von einer starken Marke profitiert jeder

Franchisenehmer. Umgekehrt kann sich der gute Ruf einer Marke auch sehr schnell ändern, wenn aufgrund von Fehlern einzelner Franchisenehmer die Marke nicht mehr nur mit positiven Merkmalen, sondern auch mit Skandalen und anderen Mängeln assoziiert wird.

Letztlich haben also sowohl Franchisegeber als auch Franchisenehmer ein außerordentlich hohes Interesse daran, dass allerorten das Markenversprechen eingehalten, und dass sowohl der Franchisegeber als auch die Franchisenehmer am „Point of Sale“ immer mehr an der positiven Aufladung der Marke arbeiten. Daher enthält ein Franchisevertrag auch zahlreiche Regelungen, um den Schutz der Marke zu bewahren, sowohl innerhalb des Franchisesystems, als auch gegenüber Dritten, insbesondere Wettbewerbern.

Aber auch andere gewerbliche Schutzrechte – also Rechte an geistigem Eigentum – können in Franchisesystemen eine Rolle spielen, und sollten in vielen Fällen deutlich mehr beachtet werden. So können sich markante Formgebungen und Ausgestaltungen der Produkte als auch der Ladeneinrichtung möglicherweise als Design schützen lassen. Besteht ein solcher Designschutz, gibt es deutlich effektivere Möglichkeiten, sich von Wettbewerbern abzugrenzen, und gegen Nachahmungen vorzugehen.

Auch wenn man entsprechende Rechte nicht eintragen lassen kann, weil sie quasi automatisch entstehen, sei an dieser Stelle auch auf mögliche Urheberrechte an bestimmten Werken hingewiesen, sofern diese ein Mindestmaß an schöpferischer Gestaltungshöhe aufweisen. Es muss sich nicht um echte Kunstwerke im überkommenen Sinne handeln, wohl aber um Ergebnisse eines kreativen und individuellen Prozesses. Zu denken ist hier ebenfalls an bestimmten Gestaltungen von Produkten, vor allem aber an komplexere Texte, wie sie beispielsweise in einem Franchisehandbuch zu finden sind.

Diese Texte jedoch sollten unabhängig von ihrer Eignung, geistige Eigentumsrechte zu begründen, als Know-how effektiv geschützt werden, um den gegenüber der Konkurrenz bestehenden Wettbewerbsvorsprung langfristig zu erhalten oder gar auszubauen. Auch hier gibt es ausführlichen Regelungsbedarf im Franchisevertrag.

1.8 Rechtsbeziehungen der Franchisenehmer untereinander

Zwischen den einzelnen Franchisenehmern bestehen keine unmittelbaren vertraglichen Beziehungen, weil sie ja schließlich keine Verträge miteinander abgeschlossen haben. Früher, in den Anfangszeiten des Franchiserechts in Deutschland, wurde darüber diskutiert, ob nicht alle Mitglieder eines Franchisesystems quasi als Gesellschafter einer einzigen Gesellschaft zu betrachten seien, weil sie ja schließlich alle dasselbe Ziel, nämlich den Erfolg des Franchisesystems und die Stärkung der Marke, verfolgen. Diese rechtliche Konstruktion wurde jedoch nicht weiterverfolgt, sodass der Schwerpunkt jeglicher rechtlichen Betrachtung in der Vertragsbeziehung zwischen Franchisegeber und Franchisenehmer liegt. Dennoch kann es dem einzelnen Franchisenehmer nicht egal sein, was ein anderer Franchisenehmer treibt. Zum einen wirkt sich jede negative Erfahrung von Kunden an einem bestimmten Standort auf den Ruf der Marke insgesamt aus, gerade in Zeiten eines unbegrenzten und ungebremsten Informationsflusses im Internet und insbesondere in den sozialen Medien.

Ebenfalls kann es zu Konflikten zwischen benachbarten Franchisenehmern kommen, wenn diese sich gegenseitig Mitarbeiter oder Kunden abwerben, und die Grenzen von Vertragsgebieten oder die entsprechenden Vorgaben im Franchisevertrag nicht beachten. Bei schwerwiegenden wettbewerbsrechtlich unlauteren Verhaltensweisen können Franchisenehmer dann möglicherweise sogar unmittelbar gegeneinander vorgehen. Im Regelfall aber müssen sich Franchisenehmer an ihren Vertragspartner, den Franchisegeber wenden, um zu erreichen, dass dieser im Interesse des Gesamtsystems und aufgrund seiner besonderen Schutzpflichten gegenüber einem jeden Franchisenehmer einschreitet bei entsprechenden Vertrags- oder Wettbewerbsverstößen. Um genau zu definieren, was einzelne Franchisenehmer tun dürfen, die ja trotz allem auch legitimerweise im Wettbewerb zueinander stehen (sogenannter Intrabrand-Wettbewerb), bedarf es klarer Abgrenzungsregelungen im Franchisevertrag.

1.9 Franchiseverträge im internationalen Rechtsverkehr

Bei vielen Franchisesystemen stellt sich früher oder später die Frage der Expansion ins Ausland. Abgesehen von all den strategischen, kulturellen und logistischen Herausforderungen, die mit anderen Märkten – und selbst Österreich entpuppt sich häufig als völlig anderer Markt – verbunden sind, stellt sich stets auch die Frage der rechtlichen Einordnung der Vertragsbeziehungen zu Partnern in anderen Ländern.

Will man unmittelbare Franchiseverträge mit den ausländischen Franchisenehmern abschließen? Setzt man einen Vermittler und Entwickler ein, der diese Franchiseverträge vermittelt, einen sogenannten Area Developer? Schließt man mit einem ortsansässigen Unternehmen einen Master-Franchisevertrag ab, damit dieser Master-Franchisenehmer dann Unter-Franchiseverträge im Zielland abschließt? Oder gründet man eine Tochtergesellschaft, vielleicht auch als Joint Venture mit einem dort ansässigen Geldgeber? All diese Fragen der richtigen Strategie, und auch die Besonderheiten von Master-Franchiseverträgen, Unter-Franchiseverträgen, Area-Development-Verträgen und ähnlichen können im Rahmen des vorliegenden Buches nicht näher betrachtet werden.

Es sei lediglich der Hinweis erlaubt, dass auch die normalen Franchiseverträge, die entweder der deutsche Franchisegeber mit seinen ausländischen Franchisenehmern, oder aber ein im Zielland ansässiger Master-Franchisenehmer mit den dortigen Unter-Franchisenehmern abschließt, einer rechtlichen Überarbeitung bedürfen. Denn zum einen stellt sich die Frage, nach welchem nationalen Recht die Vertragsbeziehung behandelt werden soll. Zum einen kann man dies im Vertrag vereinbaren. Mangels Vereinbarung gibt es aber auch Vorschriften des internationalen Privatrechts, die eine Antwort geben. Aber selbst dann, wenn ein grenzüberschreitender Franchisevertrag nach deutschem Recht abgeschlossen werden soll, sind meist einige, wenn auch in der Regel stets geringfügige Modifikationen des Vertrages erforderlich. Denn in jedem Land gibt es zwingende Vorschriften, die in keinem Fall missachtet und auch durch eine fremde Rechtswahl nicht umgangen werden dürfen, und die möglicherweise mit dem deutschen Recht kollidieren könnten.

Nicht nur die Anpassung des Vertrages an die vereinbarte oder von Gesetzes wegen geltende Rechtsordnung ist wichtig, sondern auch die Wahl des Gerichtsstandes, also des jeweiligen Ortes, dessen Gerichte im Streitfall mit einem Klageverfahren befasst sein sollen. Üblicherweise gibt ein Franchisegeber in seinen Franchiseverträgen als Gerichtsstand seinen eigenen Sitz in seinem Heimatland vor, aber auch andere Lösungen können möglich und vorteilhaft sein.

Näheres hierzu ergibt sich auch aus den entsprechenden, Kommentierungen der Beispielklauseln in Abschn. 2.44.

Inhalte eines Franchisevertrages

2

2.1 Vertragsgegenstand

Nahezu jeden Franchisevertrag eröffnet eine sogenannte Präambel, meist gefolgt von dem ersten eigentlichen Paragrafen mit einer Überschrift wie „Vertragsgegenstand" oder „Vertragsrechte". Die Präambel, das Vorwort des Franchisevertrages, hat meist keinen unmittelbaren rechtlichen Gehalt, allenfalls lassen sich indirekt aus den dortigen Formulierungen bestimmte Anforderungen und Erwartungen der Vertragsparteien erkennen. Die Präambel führt ein in das konkrete Franchisesystem, erläutert mit einigen kurzen knappen Worten die Entstehung des zugrunde liegenden Geschäftskonzeptes und seine besondere Stellung auf dem Markt. Die Präambel hat häufig fast werblichen Charakter, im äußersten Falle jedoch muss sich der Franchisegeber an seinen überschwänglichen Anpreisungen messen lassen, wenn hinter seinem Konzept nicht allzu viel an besonderen Ideen und an speziellem Know-how steckt.

Im Rahmen der Klausel „Vertragsgegenstand" oder „Vertragsrechte" findet sich dann eingeschlossen auch so etwas wie die grundlegende Definition dessen, was Franchising ist, nämlich die Überlassung eines erprobten Geschäftskonzeptes mit einem besonderen Know-how an einen selbstständigen Unternehmer, der dieses Konzept nach festen Richtlinien umsetzen darf und auch umsetzen muss. Gerade diese Pflicht zur Umsetzung des Franchisekonzeptes, die Pflicht zur Mitarbeit beim Aufbau der gemeinsamen Marke, oder beim Einzelhandel auch die Pflicht zur Förderung des Absatzes der systemtypischen Produkte unterscheidet eine Franchise von einer bloßen Lizenz, die lediglich in bestimmtem Umfang das Recht zur Nutzung einer Marke, von Know-how oder anderen Schutzrechten gewährt.

Aufseiten des Franchisegebers werden an dieser Stelle häufig all diejenigen rechtlichen Gegenstände genannt, die dem Franchisenehmer zur Nutzung überlassen werden, beispielsweise die unterschiedlichen Marken, andere Schutzrechte, Patente, das Know-how, die gesamte Corporate Identity (CI) und das Corporate Design.

H. Riedl, M. Niklas, *Der Franchisevertrag*, https://doi.org/10.1007/978-3-658-42594-4_2

Ebenfalls wird oft an dieser Stelle betont, dass dem Franchisenehmer kein eigenes Recht an der Marke und an dem Know-how zukommt, sondern stets nur das vom Franchisegeber abgeleitete Recht. Das hat zur Folge, dass er diese Rechte nur in dem in dem Franchisevertrag festgelegten Rahmen nutzen darf, insbesondere was die räumliche Begrenzung auf das Vertragsgebiet, die inhaltliche Begrenzung auf das Betreiben des konkreten Franchise-Outlets, und die zeitliche Begrenzung auf die Vertragslaufzeit betrifft. Auch ist der Franchisenehmer aufgrund seines abgeleiteten Rechtes nicht berechtigt, dritten Personen die entsprechenden Nutzungsrechte weiterzugeben.

Schließlich wird im Rahmen der Beschreibung des Vertragsgegenstandes auch darauf hingewiesen, dass der Franchisenehmer trotz Überlassung eines erprobten und vollständigen Geschäftskonzeptes selbstständiger Unternehmer ist, und dass er insbesondere auch das volle unternehmerische Risiko hinsichtlich Erfolg oder Misserfolg zu tragen hat. Im Gegenzug dazu jedoch ist der Franchisegeber verpflichtet, den Franchisenehmer vor Vertragsunterzeichnung in umfassender Weise über den Inhalt, über die bisherigen Erfahrungen, über die wirtschaftliche Rentabilität und über alle wesentlichen sonstigen Details seines Geschäftsmodells aufzuklären.

Variante 1: Gegenstand und Grenzen der Franchiselizenz

1. *Der Franchisegeber überlässt dem Franchisenehmer das von ihm erprobte Konzept zum Vertrieb der X-Produkte zur nichtexklusiven Nutzung am Standort Y.*
2. *Der Franchisenehmer ist verpflichtet, das Franchisekonzept mit vollem Engagement seiner eigenen Arbeitskraft und nach den Grundsätzen eines ordentlichen Kaufmanns umzusetzen und zum Aufbau der Marke des Franchisesystems beizutragen.*
3. *Er ist nicht berechtigt Unterlizenzen zu vergeben, oder die Rechte aus diesem Franchisevertrag in anderer Weise außerhalb der in diesem Vertrag geregelten Grenzen zu nutzen.*

Variante 2: Vertragsgegenstand mit Auflistung der Vertragsrechte

1. *Gegenstand der vom Franchisegeber an den Franchisenehmer überlassenen Vertragsrechte sind:*
   - *das Know-how zur Umsetzung des X-Geschäftskonzeptes*
   - *die Marke Y*
   - *das Geschmacksmuster Z*
   - *die zum Betrieb des X-Konzeptes entwickelte Corporate Identity*
   - *die zum Betrieb des X-Konzeptes entwickelten Schulungsunterlagen und Schulungskonzepte.*

2. *Der Franchisenehmer hat dieses Konzept an seinem Standort in den räumlichen Grenzen seines Vertragsgebietes und innerhalb der Vertragslaufzeit dieses Franchisevertrages umzusetzen. Eine Nutzung der Vertragsrechte unabhängig vom Betrieb seines Franchiseoutlets ist ihm nicht gestattet.*

Variante 3: Vertragsgegenstand und Unternehmereigenschaft des Franchisenehmers

1. *Der Franchisenehmer hat das Recht und die Pflicht, das ihm vom Franchisegeber im Rahmen dieses Franchisevertrages überlassene Geschäftskonzept an seinem Standort umzusetzen.*
2. *Der Franchisenehmer erkennt an, über die Rentabilität des Geschäftskonzeptes und über alle wesentlichen Umstände umfassend aufgeklärt worden zu sein.*
3. *Der Franchisenehmer ist sich dessen bewusst, dass er als selbstständiger Unternehmer allein für den wirtschaftlichen Erfolg seines Unternehmens verantwortlich ist. Der Franchisegeber übernimmt insoweit keinerlei Rentabilitätsgarantie.*

2.2 Marken und gewerbliche Schutzrechte

Zentraler Bestandteil eines jeden Franchisesystems ist eine im Geschäftsverkehr mehr oder weniger bekannte Marke, die ganz wesentlich das konkrete, und im Idealfall unverwechselbare Geschäftskonzept repräsentiert. Es wird sogar teilweise die Ansicht vertreten, dass das Vorhandensein einer Marke zwingend zu einem Franchisesystem dazu gehört. Eine Marke ist in der Regel allerdings nur halb so viel wert, wenn sie nicht durch Eintragung geschützt ist. Eine Eintragung erfolgt entweder für Deutschland beim Deutschen Patent- und Markenamt, für die EU beim Amt der Europäischen Union für Geistiges Eigenturm (EUIPO) in Alicante, oder aber weltweit bei der World Intellectual Property Organisation (WIPO) in Genf. Da der Markenschutz in der Regel kein absoluter ist, sondern sich stets auf bestimmte Produkt- oder Dienstleistungskategorien beschränkt, ist der entsprechende Umfang dieses Markenschutzes durchaus von Interesse, auch für den Franchisenehmer. Daher empfiehlt sich eine umfassende Information über den Umfang des Markenschutzes, sowohl zeitlich als auch gegenständlich und auch räumlich. Meist wird dazu auf die entsprechenden Anlagen verwiesen, wie in Variante 2.

Der Umfang der Berechtigung des Franchisenehmers, die Marke des Franchisegebers zu nutzen, ergibt sich grundsätzlich sinngemäß bereits aus dem Franchisevertrag selbst. Dennoch ist hier eine Klarstellung hinsichtlich der begrenzten Nutzungserlaubnis nur im Rahmen des Betriebes des konkreten Franchiseoutlets hilfreich. Fast immer wird es dem Franchisenehmer untersagt, den Markennamen als Bestandteil des eigenen im Handelsregister eingetragenen Firmennamens und als Bestandteil der eigenen Webseite zu verwenden. Hintergrund ist, dass andernfalls im Falle einer Beendigung der Franchisepartnerschaft eine Änderung des Firmennamens erforderlich wäre.

Da der effektive Schutz der Marke sich unmittelbar auf den Wert der Marke und damit letztlich auf den Erfolg des gesamten Franchisesystems auswirkt, ist ein partnerschaftliches Zusammenwirken notwendig, wenn die Marke in irgendeiner Weise von Wettbewerbern angegriffen oder verletzt wird. Meist wird daher in einem Franchisevertrag geregelt, wer in solchen Fällen für welche Maßnahmen zur Abwehr der Markenverletzung zuständig ist (Variante 2).

Da häufig der ursprüngliche Erfinder eines Franchisesystems auch Inhaber der Marke ist, kann es vorkommen, dass die spätere, als GmbH gegründete Franchisegebergesellschaft nicht selbst Markeninhaberin ist. Dies sollte dem Franchisenehmer wie in Variante 3 mitgeteilt werden, verbunden mit einer Klarstellung, dass aber die Franchisegeber-GmbH sehr wohl im zeitlich notwendigen Umfang zur Nutzung und Lizenzierung der Marke berechtigt ist.

Schließlich empfiehlt sich eine Regelung für den Fall, dass der Franchisegeber selbst seine Möglichkeit, eine Markenlizenz zu vergeben, verlieren sollte. Dies kann einerseits dadurch geschehen, dass irgendein anderes Unternehmen ältere Rechte geltend macht und eine Löschung der Franchisegebermarke erwirkt, oder dadurch, dass der Franchisegeber selbst gar nicht Inhaber der Marke war, sondern nur Inhaber einer Generallizenz. Da die Nutzungsmöglichkeit der Marke einen wesentlichen Grundbestandteil des Franchisevertrags ausmacht, dürfte eine Regelung, dass in einem solchen Fall der Franchisenehmer keinerlei Rechte daraus herleiten kann, eher unwirksam sein. Da bei einem gegenseitigen Vertrag die beiderseitigen Rechte stets in einem ausgewogenen Verhältnis stehen müssen, wird in Variante 2 klargestellt, dass der Franchisegeber sich umgehend um eine Ersatzmarke bemühen muss. Wenn es sich jedoch bei der Marke um eine derart berühmte Marke handeln sollte, dass jegliche Ersatzmarke einen deutlich geringeren Wert besäße, empfiehlt sich eine Regelung wie in Variante 3, die eine Anpassung des Vertrages vorsieht. Zu denken ist dabei beispielsweise an eine Verringerung der laufenden Franchisegebühren wegen des geringeren Wertes der neuen Marke, oder im Extremfall an eine Beendigung der Franchisepartnerschaft.

► Je nach Franchisekonzept, sollte der Hinweis in den Franchisevertrag mit eingebaut werden, dass alle Erfindungen, Entwicklungen, Patente, und markenrechtliche Erweiterungen, dem Franchisegeber gehören.

Vergleichbare Regelungen sind erforderlich, soweit nicht nur eine Marke, sondern auch geschützte Designs, Patente oder möglicherweise auch Urheberrechte Bestandteile des Franchisesystems sind (Variante 1). Als Design (oder „Geschmacksmuster“) lassen sich besondere Erscheinungsformen von Waren im Hinblick auf Formgebung, Farbe und Gestalt schützen. An Urheberrechtsschutz ist zu denken, wenn bestimmte für das System wichtige Texte ein bestimmtes Minimum an kreativem Gehalt erreichen („künstlerische Gestaltungshöhe“).

Es besteht ein erhebliches Interesse des Franchisegebers daran, dass alles, was an geistigem Eigentum und gewerblichen Schutzrechten im Rahmen der Fortentwicklung des Franchisesystems entsteht, auch diesem dauerhaft zu Nutze kommen soll. Daher finden sich in manchen Franchiseverträgen, ähnlich wie in Arbeitsverträgen, Klauseln, die Eigentums- und Nutzungsrechte an Entwicklungen und Erfindungen, die der Franchisenehmer während der laufenden Franchisepartnerschaft gemacht hat, dauerhaft dem Franchisegeber zuweisen (Variante 1). Im Gegensatz zum Arbeitsrecht allerdings dürfte dafür ein finanzieller Ausgleich zu Gunsten des Franchisenehmers nicht erforderlich sein, weil seine Entwicklungen und Erfindungen von vorneherein im Interesse der Fortentwicklung des Franchisesystems und damit letztlich im Rahmen der eigenen Systemförderungs- und Absatzförderungspflicht erfolgt sind.

Variante 1: Der Franchisegeber als Inhaber von Schutzrechten

1. *Der Franchisegeber ist Inhaber der Marke X und der weiteren gewerblichen Schutzrechte Y,Z. Der Franchisenehmer ist für die Dauer der Vertragslaufzeit berechtigt, die Marke und die anderen Schutzrechte im geschäftlichen Verkehr zu nutzen. Näheres regelt das Administrationshandbuch.*
2. *Der Franchisenehmer ist nicht berechtigt, Unterlizenzen zu vergeben.*
3. *Wird dem Franchisegeber aus Gründen, die er nicht zu vertreten hat, während der Laufzeit dieses Franchisevertrages die Nutzung der Marke oder anderer Schutzrechte untersagt, so kann der Franchisenehmer hieraus keinerlei Rechte herleiten.*
4. *Der Franchisenehmer überträgt dem Franchisegeber das unbeschränkte Nutzungs- und Verwertungsrecht für alle schutzfähigen oder sonstigen Arbeitsergebnisse, die der Franchisenehmer während der Dauer der Vertragslaufzeit im Rahmen der Umsetzung des Franchisekonzeptes erstellt. Eine Vergütung für diese Übertragung erfolgt nicht.*

Variante 2: Markenschutz gegen Angriffe von außen

1. *Die Marke X ist eine beim Deutschen Patent- und Markenamt zu Gunsten des Franchisegebers eingetragene Wortbildmarke. Der Umfang des Markenschutzes ergibt sich aus Anlage 3 zu diesem Franchisevertrag.*
2. *Der Franchisenehmer ist nicht berechtigt, selbst oder durch Dritte die Marke in irgendeiner Weise anzugreifen.*
3. *Erfolgt ein Angriff eines Dritten auf die Marke im Zusammenhang mit dem Standort und der Geschäftstätigkeit des Franchisenehmers, so hat der Franchisenehmer den Franchisegeber hierüber unverzüglich zu unterrichten. Der Franchisegeber behält sich das Recht vor, zu entscheiden, ob er selbst gegen die entsprechende Markenverletzung vorgehen oder den Franchisenehmer dazu bevollmächtigen will.*

4. *Entfällt aus Gründen, die der Franchisegeber nicht zu vertreten, nachträglich der bestehende Markenschutz, so wird sich der Franchisegeber umgehend um einen gleichwertigen Ersatz, also um eine gleichwertige Ersatzmarke einschließlich entsprechender Anmeldung bemühen.*

Variante 3: Franchisegeber als Inhaber einer Markenlizenz

1. *Der derzeitige Geschäftsführer und Alleingesellschafter der Franchisegeber-GmbH ist Inhaber der beim europäischen Markenamt in Alicante eingetragenen Marke X. Der Franchisegeber ist vertraglich berechtigt, diese Marke exklusiv im Geschäftsverkehr zu nutzen und im Rahmen des Franchisesystems Unterlizenzen zu vergeben.*
2. *Dem Franchisenehmer wird ein nicht exklusives Recht zur Verwendung der Marke im Rahmen des Betriebs des Franchise-Outlets für die Dauer der Vertragslaufzeit gewährt. Er ist jedoch nicht berechtigt, den Namen der Marke als Bestandteil seiner Firma oder als Bestandteil einer Internetadresse zu verwenden.*
3. *Sollte der Franchisegeber das Recht, die Marke zu verwenden und Unterlizenzen zu vergeben, verlieren, so werden die Vertragspartner über eine Anpassung der Leistungspflichten aus diesem Franchisevertrag verhandeln.*

2.3 Vertragspartner auf Franchisenehmerseite

In fast allen Franchisesystemen werden die Franchiseverträge in der Regel nur mit natürlichen Personen abgeschlossen. Dies rührt sowohl ideell als auch traditionell daher, dass Franchising als Partnerschaft auf Augenhöhe gedacht wird, und dass jeder Franchisegeber stets nur mit einem konkreten Menschen eine solche Franchisepartnerschaft eingehen möchte. Rechtlich und betriebswirtschaftlich zwingend wäre diese fast durchgängige Handhabung wohl nicht.

Dennoch besteht natürlich häufig das Bedürfnis auf Franchisenehmerseite, mit einem oder mehreren Geschäftspartnern gemeinsam das Franchiseunternehmen zu gründen und zu betreiben, oder aus den allgemein bekannten Gründen, insbesondere wegen der Haftungsbeschränkung, eine Kapitalgesellschaft zu errichten. Da sich gerade bei Existenzgründern solche Entwicklungen oft erst im Nachhinein während der Vertragslaufzeit abzeichnen, finden sich in den meisten Franchiseverträgen entsprechende Regelungen, um den Interessen des Franchisenehmers weitgehend entgegenzukommen.

Die in Variante 1 zum Ausdruck gebrachte Klarstellung, dass ausschließlich diejenige Person Vertragspartner ist, die den Vertrag unterzeichnet hat, ist im Grunde genommen überflüssig. Denn an einen Vertrag sind, von ganz wenigen gesetzlich normierten Ausnahmefällen abgesehen, stets nur diejenigen Personen gebunden, die den Vertrag auch abgeschlossen haben.

Variante 2 enthält Klarstellungen für den Fall, dass nicht nur eine natürliche Person, sondern mehrere den Franchisevertrag unterzeichnet haben. Auch diese Rechtsfolgen ergeben sich meist aus dem Gesetz, dienen jedoch der Klarstellung und der Rechtssicherheit. Oftmals werden solche Klauseln sehr ausführlich gestaltet, um zahlreiche mögliche Konfliktkonstellationen unmittelbar zu erfassen. Dies kann man umgehen, wenn man diese Vertragsinhalte ausführlich im Administrationsmanual darstellt. So wird eine solche Klausel häufig ergänzt durch die Klarstellung, dass im Falle eines Fehlverhaltens einer Person, welches zu einer fristlosen Kündigung berechtigen würde, dieses Fehlverhalten den anderen Personen zugerechnet wird, sodass die Kündigung auch gegenüber den anderen, sich ordnungsgemäß verhaltenden Vertragspartnern ausgesprochen werden kann.

Die Varianten 3 und 4 regeln nun in unterschiedlicher Weise den Fall, dass ein Franchisenehmer zu einem späteren Zeitpunkt eine Kapitalgesellschaft, in der Regel eine GmbH, gründen möchte. Gibt es solch eine GmbH bereits bei Vertragsunterzeichnung, so lassen sich die Formulierungen entsprechend anpassen. Beide Klauseln bringen zum Ausdruck, dass der Franchisegeber durchaus die nachvollziehbaren Interessen eines Franchisenehmers hinsichtlich einer Gesellschaftsgründung berücksichtigen will. So wird in Variante 3 geregelt, wie eine in Betracht kommende Übertragung des Franchisevertrages auf eine Kapitalgesellschaft ablaufen soll. Wenn sich ein Franchisegeber schon damit einverstanden erklärt, dass er sich plötzlich als Vertragspartner nur noch einer juristischen Person gegenüber sieht, so möchte er doch sichergestellt wissen das hinter dieser juristischen Person die jeweilige konkrete natürliche Person dauerhaft als Verantwortlicher erhalten bleibt, die er sich ursprünglich als Vertragspartner ausgesucht hatte. Daher wird auch der Franchisenehmer häufig verpflichtet, stets eine aktuelle Gesellschafterliste einzureichen. Auch wird der Franchisegeber meist kein Interesse daran haben, dass künftig nur noch eine Haftungsbegrenzung auf das Vermögen der GmbH stattfindet, sodass es trotz Übertragungsvertrages bei einer persönlichen Haftung des Franchisenehmers bleibt.

Noch häufiger zu finden sind für solche Konstellationen Regelungen ähnlich Variante 4. Hier bleibt es dabei, dass ausschließlich eine natürliche Person Vertragspartner des Franchisegebers ist. Es wird dem Franchisenehmer lediglich gestattet, sein Unternehmen durch eine GmbH zu betreiben. Denn schließlich besteht das Unternehmen eines Franchisenehmers nicht nur darin, mit dem Franchisegeber einen Vertrag zu schließen, sondern auch mit seinen Kunden, mit seinen Mitarbeitern, mit Vermietern, Lieferanten und vielen anderen Vertragspartnern mehr. Daher führt diese Konstellation dazu, dass im Rahmen des normalen Alltagsgeschäfts stets die GmbH als Betreiberin des Unternehmens auftritt. Nur gegenüber dem Franchisegeber tritt der Franchisenehmer als Person rechtlich in Erscheinung, natürlich verbunden mit der weiterhin bestehenden persönlichen Haftung.

Variante 1: Eine Person ist Franchisenehmer
Franchisenehmer ist ausschließlich diejenige natürliche Person, die diesen Franchisevertrag unterzeichnet hat.

Variante 2: Mehrere Personen sind Franchisenehmer
Haben diesen Franchisevertrag zwei oder mehr natürliche Person unterzeichnet, beispielsweise auch in Form einer GbR oder OHG, so sind sie hinsichtlich aller Vertragsrechte gemeinsam berechtigt und hinsichtlich aller Vertragspflichten gemeinsam verpflichtet. Sie haften dem Franchisegeber als Gesamtschuldner. Rechtlich bindende Willenserklärungen sind stets von allen bzw. gegenüber allen Personen auf Franchisenehmerseite abzugeben.

Variante 3: Neu gegründete Betriebsgesellschaft wird Vertragspartner
Der Franchisenehmer kann eine Kapitalgesellschaft gründen. Einer Übertragung dieses Franchisevertrages auf die Kapitalgesellschaft wird der Franchisegeber jedoch in der Regel nur zustimmen, wenn durch die gesellschaftsrechtliche Vertragsgestaltung sichergestellt ist, dass der Franchisenehmer dauerhaft sowohl eine beherrschende Position in der Gesellschaft als auch die Position des Geschäftsführers oder des Vorstandsvorsitzenden einnimmt. Auch im Falle einer Übertragung dieses Franchisevertrages auf die Kapitalgesellschaft haftet der Franchisenehmer dem Franchisegeber weiterhin für alle Verpflichtungen aus diesem Franchisevertrag.

Variante 4 Franchisenehmer darf Betriebsgesellschaft gründen
1. *Der Franchisenehmer ist mit vorheriger Zustimmung durch den Franchisegeber berechtigt, zum Betrieb seines Franchise-Outlets eine Betriebsgesellschaft in Form einer Kapitalgesellschaft zu gründen. Der Franchisenehmer jedoch bleibt Vertragspartner dieses Franchisevertrages.*
2. *Der Franchisenehmer ist verpflichtet, dem Franchisegeber stets die aktuelle Gesellschafterliste seiner Betriebsgesellschaft zu übermitteln.*

▶ **Tipp** Viele Regelungen, wie auch diese im Fall der Vertragspartner beschrieben, bedürfen einer strategischen Planung, inwieweit die Franchiseidee ausgebaut wird. Es ist zu empfehlen, dass im Vorfeld vom zukünftigen Franchisegeber eine beratende Unterstützung eingefordert wird, wobei grundsätzlich vor der Gestaltung des Franchisevertrages alle Möglichkeiten, Risiken und Facetten der

Franchiseidee durch einen erfahrenen Fachexperten durchleuchtet werden und so das strategische Gerüst zum Wachstum der Franchiseidee aufgebaut wird. Anhand dieses Gerüstes lassen sich ideal der Franchisevertrag und das Administrationsmanual erstellen.

Grundsätzlich sollte sich der zukünftige Franchisenehmer im Klaren sein, das Franchising eine gewisse Unterordnung des selbstständigen Unternehmers einfordert. Diesbezüglich haftet der Unternehmer, in diesem Buch Franchisenehmer genannt, mit allen Pflichten eines ordentlichen Kaufmannes, jedoch verpflichtet er sich, sich den Strukturen des Franchisesystems unterzuordnen und dessen Regelwerke zu beachten.

Interessen Franchisegeber:
Ein Vertragspartner sollte folgende Voraussetzungen erfüllen:

- kann in einem Team arbeiten
- ist teamfreudig und systemloyal
- ist anpassungsfähig und lernbereit
- hat Verständnis für Prozesse und Organisationen
- ehrgeizig bzgl. Wachstum
- einsatzfreudig und innovativ im Interesse des Systems

Interessen Franchisenehmer:
Ein Franchisegeber sollte folgende Voraussetzungen erfüllen

- klare Vertragsstruktur
- Arbeitsprozesse sind klar und eindeutig definiert
- keine mündliche Absprachen, alles ist schriftlich dargestellt
- ganzheitliche, durchstrukturiere Führung im System
- Konsequenz in der Systemführung

Fallstrick

Bevor es zur Unterzeichnung eines Franchisevertrages kommt, entsteht schon eine Problematik in der Ausschreibung! ***„Franchisenehmer gesucht, werden Sie Ihr eigner Chef“.*** Dies stimmt nur bedingt. Jeder Unternehmer, welcher sich auf das Konzept Franchising einlässt, sollte sich bewusst sein, dass er ein Glied in einer Systemkette ist, ein System in seiner Prozessstruktur und dessen Markenauftritt im Markt präsentiert und dessen Inhalte dem Kunden mitteilt. In diesen Konzepten ist eine unternehmerische Freiheit nur bedingt möglich. Diesbezüglich ist eine Aufklärungspflicht im Sinne des zukünftigen Franchisenehmer besonders wichtig, damit dieser verstärkt das Verständnis für Systemprozesse erfährt.

Gerade in der falschen Auswahl von Franchisenehmern oder auch durch eine zu schnelle Expansion und dadurch resultierende falsche Erwartungen an Franchisenehmer und Franchisegeber entstehen Streitigkeiten oder auch Missmut im System, welche dem Franchisegeber, den Franchisenehmern und der Marke enorm schaden.

2.4 Wechsel des Vertragspartners auf Franchisegeberseite

Gerade angesichts der Verflechtung größerer Unternehmen und der sich dort bildenden Konzernstrukturen, aber auch angesichts der heutigen Austauschbarkeit mittelständischer Unternehmen wird häufig der Bedarf gesehen, sich eine Übertragung des Unternehmens, beispielsweise durch Verkauf, vorzubehalten. Da ein Vertrag grundsätzlich immer nur zwischen den beiden Parteien gilt, die diesen Vertrag ursprünglich abgeschlossen hatten, bedarf es zur Absicherung solcher Konstellationen einer speziellen Übertragungsklausel (Variante 1). Fehlt eine solche Klausel, kann sich der Franchisegeber nicht von seinen Verpflichtungen mit der Begründung befreien, er habe sein Franchisegeber-Unternehmen verkauft. Ein ähnlicher Bedarf besteht auch dann, wenn der Franchisegeber selbst nur Master-Franchisenehmer eines internationalen Master-Franchisegebers ist. Denn dann kann es durchaus passieren, dass der Mastervertrag vorzeitig aus nicht vorhersehbaren Gründen beendet wird und der Master-Franchisenehmer als Franchisegeber des Franchisenehmers gar nicht in der Lage ist, seinen vertraglichen Verpflichtungen nachzukommen. Damit in solchen Fällen nicht das gesamte Vertriebsnetz auf dem entsprechenden Markt zusammenbricht, empfiehlt sich eine bereits vorab im Vertrag geregelte Übertragung des Vertragsverhältnisses auf den Master-Franchisegeber selbst, oder aber auf einen neuen Master-Franchisenehmer, so wie dies hier in Variante 2 geregelt ist. Unabhängig von der Übertragung des gesamten Unternehmens gibt es jedoch auch häufig das Bedürfnis, einzelne Bereiche aus dem Pflichtenkreis des Franchisegebers auf andere Unternehmen zu übertragen, die diese Aufgaben dann in eigener Verantwortung wahrnehmen sollen. Ohne eine entsprechende vertragliche Regelung (Absatz 2 von Variante 1) wäre eine solche Übertragung nicht ohne weiteres möglich. Bei Franchiseverträgen wird nämlich davon ausgegangen, dass ähnlich zum Auftragsrecht des BGB grundsätzlich ein Anspruch besteht, die vertraglich versprochenen Leistungen persönlich vom jeweiligen Vertragspartner einzufordern. Nur eine solche Übertragungsklausel verschafft in rechtssicherer Weise die Möglichkeit, beispielsweise den Komplex Schulungen oder den Bereich Marketing vollständig auszugliedern. Das hat dann zur Folge, dass der Franchisegeber selbst nur noch für die sorgfältige Auswahl seines Dienstleisters einzustehen hat, der betreffende Dienstleister jedoch allein haftbar gemacht werden kann, wenn die entsprechenden vertraglichen Leistungen nicht ordnungsgemäß erbracht werden. Eine solches Outsourcing von Leistungsbereichen dient der Arbeitssteilung und der Verteilung der Haftungsrisiken, und trägt der zunehmenden Spezialisierung hinsichtlich klassischer Unternehmenskompetenzen Rechnung.

Variante 1: Franchisegeber hat die Berechtigung, den Franchisevertrag auf Dritte zu übertragen

1. *Der Franchisegeber ist berechtigt, sämtliche Rechte und Pflichten aus diesem Franchisevertrag auf eine andere natürliche oder juristische Person zu übertragen mit der Folge, dass der Franchisevertrag ab diesem Zeitpunkt zwischen der dritten Person und dem Franchisenehmer unverändert fortbesteht*
2. *Der Franchisegeber ist ebenfalls berechtigt, einzelne Verpflichtungen aus diesem Vertrag einem Dritten zur eigenen Verantwortung zu übertragen.*

Variante 2: Vertragsübergang nach Beendigung des Master-Franchisevertrages

Endet der Vertrag des Franchisegebers mit seinem Master-Franchisegeber vor Ablauf dieses Vertrages, so geht das Vertragsverhältnis nach Wahl des Master-Franchisegebers auf diesen oder auf einen neuen von ihm zu benennenden neuen Master-Franchisenehmer über.

► Grundlegend bei Vergabe von Masterlizenzen oder großen Gebietslizenzen sollte vor Vertragsunterzeichnung eine strategische Geschäftsplanung für vier Jahre erfolgen. Nicht nur, dass Vertragsinhalte besonderen Gegebenheiten wie landespezifischen Anforderungen, Kulturen oder Gesetzen angepasst werden müssen. Es muss auch eine Investitionszusicherung des Master-Franchisenehmers erfolgen. Hierzu sollte der Expansionsplan sich in der Sicherheitszahlung pro Standort spiegeln, aber auch die Investitionen inklusive der Administrationskosten sollten für den Expansionsplan abgesichert sein und vertraglich festgehalten werden. Als Sicherheit sind Ziel und Step-Vereinbarungen festzulegen, damit die Expansion nicht durch Nachlässigkeit ins Stocken gerät.

2.5 Gebietsschutz

Die Frage der Zuteilung von Vertragsgebieten und der Gewährung von Gebietsschutz ist ein zentrales Thema der Expansionspolitik in einem Franchisesystem. Für den Franchisegeber steht die Überlegung im Mittelpunkt, in welcher Weise er den Markt am effektivsten bearbeiten kann und wie er seine Strategie der Gebietsbesetzung zukünftig durchsetzen will. Für den Franchisenehmer scheint ein Gebietsschutz ein gewisses Maß an Sicherheit vor Wettbewerb aus dem eigenen System zu gewähren. Eine etwas genauere Betrachtung der verschiedenen Möglichkeiten und der sich daraus ergebenden Konsequenzen ist jedoch dringend notwendig, um hier keine falschen Weichenstellungen vorzunehmen.

Endgültig fixierter und nicht mehr aufhebbarer Gebietsschutz zu Gunsten des Franchisenehmers kann dazu führen, dass bestimmte Vertragsgebiete für das Franchisesystem schlicht verloren sind, sei es, weil sich die Marke als so stark erweist, dass ein Vertragsgebiet für viel mehr als ein Outlet oder einen Franchisenehmer Potenzial bietet, sei es, weil der jeweilige Franchisenehmer nicht in der Lage ist, das vorhandene Potenzial auszuschöpfen. Aufgrund der Interessenlage des Franchisegebers hat sich insbesondere in der Gastronomie fast durchgängig durchgesetzt, keinen Gebietsschutz zu gewähren (Variante 1). Dies muss im Vertrag nicht explizit erwähnt werden, empfiehlt sich jedoch aus Gründen der Rechtssicherheit. Die Nichtgewährung von Gebietsschutz führt keineswegs zwingend zu einer Kannibalisierung der einzelnen Franchisenehmer. Vielmehr hat der Franchisegeber selbst ein Interesse daran, dass alle Standorte nebeneinander Bestand haben. Außerdem führt eine starke Outlet-Dichte dazu, dass für die Mitbewerber aus einem anderen Franchisesystem weniger Platz vorhanden ist. Denn gegen diese Mitbewerber kann sich der Franchisenehmer ausschließlich aus wettbewerbsrechtlichen Gründen zur Wehr setzen.

Möchte man jedoch auf Gebietsschutz nicht verzichten, so empfiehlt sich eine variable Gestaltung, wie in den Varianten 3 bis 5. Dabei ist jedoch zu beachten, dass solche Klauseln leicht AGB-rechtlich unwirksam sein können, weil sie dem Franchisenehmer etwas vertraglich Gewährtes im Nachhinein unter bestimmten Bedingungen wieder wegzunehmen drohen. Unschädlich dürfte es allerdings sein, vorübergehend zusätzlichen Gebietsschutz für Nachbargebiete im Hinblick auf gezielt geplante Expansion zu gewähren. Soll jedoch das eigene Vertragsgebiet nachträglich beschnitten werden oder der Gebietsschutz bei schlechtem Umsatz ganz entfallen, so muss eine solche Regelung, soll sie denn wirksam sein, zumindest an weitere Voraussetzungen geknüpft werden, die vom Franchisenehmer beeinflusst werden können, beispielsweise ein Verschuldenserfordernis (Variante 4).

In allen Fällen ist bei der konkreten Gestaltung des Vertragsgebietes zu beachten, dass es eindeutig identifiziert ist, beispielsweise unter konkreter Nennung von Gemeindegrenzen, Postleitzahlenbereichen, oder gegebenenfalls Straßenzügen in Form eines Expansionsplanes. Unzureichend, weil ungenau, dagegen ist eine gelegentlich immer wieder zu findende Fixierung des Vertragsgebietes durch einen nach Kilometern bemessenen Umkreis, möglicherweise sogar mit einem Zirkel gezogen auf einem als Anlage zum Franchisevertrag genommenen Stadtplanausschnitt.

Gebietsschutz bedeutet immer, dass weder der Franchisegeber selbst in dem betreffenden Gebiet ein Outlet eröffnen oder in anderer Weise aktiv werbend auftreten (für den Onlinevertrieb gelten hier besondere Regeln, dazu aber an anderer Stelle), noch eine Franchise an einen anderen Franchisenehmer vergeben darf.

Umgekehrt wird dann dem Franchisenehmer auch untersagt, die Grenzen seines eigenen Vertragsgebietes zu überschreiten. Er darf also keine Werbung schalten, die vorrangig auf Gebiete außerhalb seines Vertragsgebietes ausgerichtet ist. Gleichzeitig aber darf ihm aus kartellrechtlichen Gründen der so genannte passive Vertrieb nicht verboten werden. Er muss also keinen Kunden abweisen, der sich aus eigener Initiative, von außerhalb des Vertragsgebietes des Franchisenehmers kommend, an diesen wendet.

Variante 1: Kein Gebietsschutz
Dem Franchisenehmer wird kein Gebietsschutz gewährt.

Variante 2: Vertraglich vereinbarter Gebietsschutz
1. *Der Franchisenehmer wird in dem Vertragsgebiet (siehe Anlage X) sein Ladenlokal eröffnen. Für die Zeit der Dauer des Franchisevertrages wird der Franchisegeber in dem Vertragsgebiet weder selbst noch durch einen anderen Franchisenehmer ein Ladenlokal der Marke X eröffnen.*
2. *Dem Franchisenehmer ist es untersagt, seinen Vertrieb und seine Werbung aktiv auf Gebiete außerhalb seines Vertragsgebietes auszurichten („aktiver Vertrieb"). Die Annahme von Kundenanfragen von außerhalb seines Vertragsgebietes („passiver Vertrieb") ist ihm jedoch nicht verwehrt.*

Variante 3: Zeitlich gestaffelter Gebietsschutz
Dem Franchisenehmer wird für die Dauer des Franchisevertrages Gebietsschutz für sein Vertragsgebiet gewährt. Dieser Gebietsschutz besteht zunächst auch für die Gebiete X, Y und Z. In diesen Gebieten erlischt der Gebietsschutz nach zwei Jahren, wenn der Franchisenehmer dort bis zu diesem Zeitpunkt nicht jeweils ein … XXX weitere(s) Outlet(s) eröffnet hat. Anlage: Expansionsplan.

Variante 4: Gebietsschutz an Umsatz-Zielplan gekoppelt
Der Gebietsschutz erlischt nach drei Jahren, wenn der Franchisenehmer im dritten Vertragsjahr einen Bruttoumsatz von weniger als X Euro erwirtschaftet und er diesen Minderumsatz zu vertreten hat.

Variante 5: Bedingter Gebietsschutz für die Dauer des Franchisevertrages
Dem Franchisenehmer wird Gebietsschutz für das Vertragsgebiet für die Dauer des Franchisevertrags gewährt. Der Gebietsschutz entfällt, wenn der Franchisenehmer nicht innerhalb von drei Jahren mindestens drei weitere Outlets (Expansionsplan; AnhangXXX) im Vertragsgebiet eröffnet hat. Das gilt nicht, wenn die Eröffnung weiterer Outlets für den Franchisenehmer aufgrund der wirtschaftlichen Entwicklung des ersten Standortes nicht vertretbar war, obwohl der Franchisenehmer seiner vertraglichen Bemühenspflicht nachgekommen ist.

Tipp Ein Gebietsschutz mit einem Expansionspotenzial sollte immer mit einem zeitlich und klar definierten Expansionsplan zum Franchisevertrag aufgeführt werden. Eine einfache Goodwill-Zusage zu einer Expansion vom Franchisenehmer geht meistens in die negative Richtung, da Franchisenehmer die Expansion einschränken, sogar einstellen, wenn eine Impaktierung der bestehenden Standorte die Expansion negativ beeinflusst.

In der Expansion können sich Interessen von Franchisegeber und Franchisenehmer überschneiden, wobei der Franchisegeber die Verantwortung aller Franchisenehmer mit dem Ziel des Wachstums der Marke in den Vordergrund stellt und somit eine flächendeckende Expansion zielgerichtet vorantreibt. Der Franchisenehmer denkt in seinem Gebiet als Unternehmer und rechnet sowohl den finanziellen Aufwand gegen den unternehmerischen Gewinn und somit ist das Argument der Impaktierung sehr schnell in den Vertragsverhandlungen gegeben.

Tipp **Interessen Franchisegeber:**
Eine schnelle Marktdurchdringung und flächendeckende Expansion:

- Standortbelegung vor Mitbewerbern
- Ausnutzung der Kundenabschöpfung
- Flächendeckende Abdeckung zwecks Werbeabschöpfung

Interessen Franchisenehmer:
Gebietsschutz mit einer klar definierten Expansion:

- unterstützende Expansionsbegleitung
- Sicherung des Gebietes und der unternehmerischen Zukunft
- Keine Impaktierung seiner Standorte

Fallstrick
Es wird ein Gebietsschutz ohne jegliche Expansionsvereinbarung festgelegt. Der Franchisegeber hat nicht mehr das Recht, das Gebiet ohne Zustimmung des Franchisenehmers auszubauen. Der Franchisenehmer kann aus den unterschiedlichsten Gründen die Expansion einstellen, ohne rechtlich angreifbar zu sein. Das Gebiet ist für eine weitere Expansion gesperrt.

Generell sollte zu jedem Gebietsschutz ein Expansionsplan mit folgenden Inhalten hinterlegt sein (vgl. auch Abb. 2.1):

Beispiel eines Expansionsplanes mit Kennzahlenbewertung

Bei einer Expansionsvereinbarung in einem vorgegebenen Gebiet, Region oder Land, sollte ein Expansionsplan aussagekräftig sein und für beide Parteien bindend als Anhang beigelegt und der Hinweis im Franchisevertrag formuliert werden.

Als Beilage zum Franchisevertrag

← Monate + Opening Monate einzeln aufgeschlüsselt →

Konzept	Januar	Opening Monate	Februar	Opening Monate	Total Konzepte	Opening Monate Total
Smal	2	23	2	19	**25**	**148**
Middle	0	0	0	0	**4**	**25**
Large	1	11	1	10	**6**	**45**
Total	3	35	3	29	**35**	**218**

Geschäftsjahr: ____
Investitionen: _____

Jeder eröffnete Monat bedeutet Umsatz!
Desto wichtiger ist es, die Monate der „offenen Geschäftstage" festzuhalten!

Abb. 2.1 Beispiel eines Expansionsplanes mit Kennzahlenbewertung

- Expansion in Standortgrößen (Small Unit – Large Unit)
- Zeitrahmen der eröffneten Monate im definierten Geschäftsjahr
- Sicherheitszahlung pro geplantem Standort
- klare Definition des Expansionsprozesses im Administrationsmanual
  - Vorgehensweise
  - Genehmigungsprozess
  - Ablehnungsprozess
  - Wegfall des Gebietsschutzes

2.6 Konkurrenzschutz

Gerade in der Systemgastronomie ist es weithin unüblich, den Franchisenehmern Gebietsschutz zu gewähren. Es wird in der Regel davon ausgegangen, dass sich der Markt von selbst reguliert und dass darüber hinaus der Franchisegeber kein Interesse an einer Kannibalisierung seiner Systempartner hat. Außerdem führt eine effektive Sättigung des Marktes durch Systembetriebe dazu, die Möglichkeiten der Mitbewerber aus anderen Systemen einzuschränken.

Dennoch ist es in der Rechtsprechung anerkannt, dass ein Franchisegeber in gewissem Rahmen eine Fürsorgepflicht für seine Franchisenehmer hat. Sinn und Zweck eines Franchisevertrages ist es unter anderem auch, dass beide Vertragspartner, sowohl der Franchisegeber als auch der Franchisenehmer, wirtschaftlich erfolgreich sind. Daher darf ein Franchisegeber nichts tun, was gezielt oder zumindest nahezu zwingend dazu führt, dass ein Franchisenehmer wirtschaftlich in seiner Existenz bedroht wird. Das führt zum sogenannten „Vertragsimmanenten Konkurrenzschutz“. Gemeint ist damit, dass bereits die Grundidee von Franchising einem Franchisegeber verbietet, einen konkurrierenden Systembetrieb selbst oder durch einen anderen Franchisenehmer so nahe an einem bestehenden Franchisenehmerbetrieb zu eröffnen, dass einer von beiden nicht überleben kann. Diese Konkurrenzschutzpflicht gilt unabhängig davon, ob es eine entsprechende Regelung in dem konkreten Franchisevertrag gibt. Dennoch bietet sich natürlich zur Verhinderung von Streitfällen an, konkrete Regelungen in den Vertrag aufzunehmen. Stets muss dabei abgewogen werden, ob eher die Nichtregelung oder doch die dann wieder auslegungsbedürftige Regelung zum Ziel führen.

Genau über diese Reichweite eines vertragsimmanenten Konkurrenzschutzes wurde vor einigen Jahren gerichtlich gestritten, als ein Franchisegeber im Hamburger Hauptbahnhof einen zweiten Systembetrieb seiner Marke eröffnen wollte. Auch wenn in einem solchen Fall eine möglicherweise existenzvernichtende Konkurrenz auf der Hand zu liegen scheint, ist es doch möglicherweise sinnvoll, eine solche Extremsituation vertraglich auszuschließen. Eine Regelung wie in Variante 1, die auf denselben Standort Bezug nimmt, ist jedoch nur sinnvoll in Einkaufszentren, Bahnhöfen oder auf Flughäfen. Die Klausel in Variante 2 versucht ähnliches für Outlets in normalen Geschäftslagen zu erreichen. Die Benennung eines konkreten Radius hält die Konkurrenz bis zu einem gewissen Grad vom Outlet des Franchisenehmers fern. Sie schafft jedoch keinen Gebietsschutz, da Werbemöglichkeiten und Kundenakquise durch einen solchen bloßen Standortschutz nicht eingeschränkt werden.

Variante 3 gibt lediglich das wieder, was aufgrund der einhelligen Rechtsprechung sowieso gelten würde, allerdings ergänzt um eine Formulierung zur Verhinderung von Konkurrenz durch andere Vertriebskanäle oder andere Handelsmarken (sogenannter Intra-Brand-Wettbewerbsschutz). Gerade im Retail-Bereich nämlich kommt es häufig vor, dass Hersteller einerseits per Franchising agieren, anderseits aber auch den übrigen Einzelhandel mit ihren Produkten beliefern. So wird beispielsweise ein Franchise-Outlet einer bestimmten Bekleidungsmarke nicht nur durch andere Franchise-Outlets beeinträchtigt, sondern auch durch den Verkauf der entsprechenden Ware im benachbarten Kaufhaus. Ähnliches gilt für nahezu identische Produkte desselben Herstellers, die lediglich unter verschiedenen Marken vertrieben werden. Hier muss ein Franchisegeber jedoch achtgeben, dass er sich nicht durch eine zu enge Vertragsgestaltung der Möglichkeit jeglichen zielführenden Vertriebs seiner Produkte beraubt.

Variante 1: Standortschutz
Der Franchisegeber wird am Standort des Franchisenehmers keinen weiteren Shop der Marke N. N. eröffnen oder durch einen anderen Franchisenehmer eröffnen lassen.

Variante 2: Standortschutz mit Umkreisangabe
Der Franchisegeber wird im Umkreis von drei Kilometern vom Standort des Franchisenehmers keinen weiteren Shop der Marke N. N. eröffnen oder eröffnen lassen.

Variante 3: Standortschutz, auch bzgl. anderer Vertriebskanäle
Der Franchisegeber wird die Existenz des Franchisenehmers nicht dadurch gefährden, dass er in unmittelbarer Umgebung zum Standort des Franchisenehmers einen weiteren Systembetrieb eröffnet oder eröffnen lässt. Entsprechendes gilt für den Vertrieb der vertragsgegenständlichen Ware über andere Vertriebskanäle oder über andere Handelsmarken.

▶ **Tipp** Mitbewerber, Konkurrenz ist immer ein Thema in der Expansion und führt nicht selten zu Streitigkeiten zwischen Franchisegeber und Franchisenehmer. Diesbezüglich ist es immer wichtig, den Expansionsprozess im Administrationsmanual bis ins Detail zu erläutern, dessen Ablauf zu beschreiben und Kennzahlen als Parameter zu definieren.

Franchisegeber vergessen nicht selten, ihre Franchisenehmer in die Standortplanung mit einzubeziehen, diesbezüglich werden Standortwertungen nicht als ganzer Gewinnzuschuss für das Gebiet gesehen, sondern als Einzelbetrachtung mit einer Verlustrechnung auf den betroffenen Standort. Somit scheitert oft eine Standortübernahme, welche im Nachhinein gern von Mitbewerbern genutzt wird. Finanziell verspürt nicht nur der Franchisegeber negative Auswirkungen bei den laufenden Franchisegebühren, sondern auch der Franchisenehmer, welcher nicht selten Umsatzeinbußen zu verzeichnen hat.

2.7 Kundenschutz

Bei manchen Franchisesystemen tritt an die Stelle des Gebietsschutzes der Kundenschutz. Dabei ist der Franchisenehmer dann nicht innerhalb eines räumlich abgegrenzten Vertragsgebietes vor systeminterner Konkurrenz geschützt, sondern im Rahmen seiner räumlich unbeschränkten Kundenakquise. Das ist nur sinnvoll bei Franchisesystemen, bei denen der lokale Bezug nahezu irrelevant ist, die aber dennoch in sinnvoller Abgrenzung Potenzial für mehrere Franchisenehmer bieten. Denkbar ist dies bei Franchisesystemen aus der Beratungsbranche. Möglicherweise ist das Franchisesystem durch besondere Formen und Eckpunkte der Beratung gekennzeichnet, die Verschiedenartigkeit der Kunden jedoch lässt es als sinnvoll erscheinen, diese jeweils auf verschiedene Franchisenehmer zu verteilen. Möglicherweise akquiriert der eine Franchisenehmer Mittelständler einer bestimmten Größenordnung, der andere eher Handwerksbetriebe, und wiederum ein anderer öffentliche Institutionen. Da es auch dort jedoch stets zu Überschneidungen kommen kann, ist es durchaus sinnvoll, in bestimmter Weise Kundenschutz zu gewähren. Im Gegensatz zum Gebietsschutz jedoch sind zusätzliche Mechanismen zu installieren, die verhindern, dass sich einzelne Franchisenehmer „Scheinkunden" reservieren oder eine entsprechende Reservierung ohne tatsächliche Akquisetätigkeit dauerhaft aufrecht erhalten. Die hier vorgeschlagene Klausel ist nur eine Möglichkeit, die sich überschneidenden Interessen der verschiedenen Franchisenehmer angemessen zu berücksichtigen. Gerade aufgrund der möglichen Komplexität der Kundenzuteilung und der Reservierung bietet sich eine detailliertere Regelung im Administrationsmanual an. Bei einer solchen Regelung ist weniger die rechtliche Seite problematisch, als vielmehr die Frage der praktikablen Umsetzung. Allerdings ist auch hier davon auszugehen, dass aufgrund des kartellrechtlich nicht möglichen Verbots des passiven Vertriebs die bloße Annahme von Aufträgen von Kunden anderer Franchisenehmer nicht untersagt werden kann.

Variante 1: Franchisenehmer genießt Kundenschutz
Der Franchisenehmer genießt Kundenschutz. Beim Franchisegeber wird zu diesem Zweck eine Kundendatei geführt, in welche jeder Franchisenehmer potenzielle oder bereits kontaktierte Kunden eintragen lassen und für sich reservieren kann. Die Reservierung erlischt, wenn der betreffende Franchisenehmer nicht mindestens innerhalb eines Zeitraums von drei Monaten einen konkreten Auftrag akquiriert hat. Danach kann der betreffende Kunde durch denselben Franchisenehmer oder einen anderen Franchisenehmer erst wieder aufgrund einer konkreten Auftragserteilung reserviert werden. Die Reservierung erlischt erneut ein Jahr nach Beendigung des Auftrags.

► **Tipp** Hier muss eine klare Definition erfolgen. Gerade bei einer zentralen Auftragserfassung und der regional gesteuerten Kundenakquise kann es zu Zerwürfnissen zwischen Franchisenehmern und Franchisegeber durch Auftragsneid kommen.

Bei einer zusätzlichen zentralen Auftragsverteilung kann man den Zwist nicht ganz umgehen, aber man kann einen Ausschreibungs- und Vergabeprozess definieren, welcher durch Kennzahlen- und Leistungsanforderungen in seiner Prozessstruktur als Leitfaden gilt. Im Franchisevertrag sollte der Rahmen der Auftragsvergabe festgelegt werden, Details und Ablaufinformationen jedoch im Administrationsmanual.

Fallstrick
Das Motto „Wir machen mal!" funktioniert gerade in einem Franchisesystem nicht, da der Franchisenehmer als selbstständiger Unternehmer agiert und sich somit auch um jeden Auftrag bemüht. Gerade Streitigkeiten halten den Unternehmer und den Franchisegeber vom realen Tagesgeschäft ab und schaden somit nicht nur den Kunden, sondern dem ganzen System. Bei einer klaren Prozessstruktur und Vergaberichtlinien sind die meisten Diskussionspunkte ausgehebelt und kommen so bei Streitigkeiten erst gar nicht zur Diskussion!

2.8 System- und Absatzförderungspflicht des Franchisenehmers

Franchising ist nicht nur eine besondere Vertriebsform, sondern bezeichnet auch ein auf Partnerschaftlichkeit gründendes Modell zur Entwicklung und Optimierung eines Geschäftskonzeptes und zur stetigen Steigerung des Ansehens der Marke und des wirtschaftlichen Erfolges aller Vertragspartner des gesamten Systems. Daher ist nicht damit Genüge getan, dass der Franchisenehmer lediglich das ihm überlassene Know-how zum Betrieb seines eigenen Franchise-Outlets nutzt. Vielmehr ist er von der Grundidee des Franchisings her auch verpflichtet, gemeinsam mit dem Franchisegeber an der Fortentwicklung des Franchisesystems und an der ständigen Optimierung mitzuarbeiten. Um dies zu betonen, gibt es in manchen Franchiseverträgen ganz konkrete Klauseln, die entsprechende Pflichten normieren. Diese Pflichten lassen sich nicht nur aus einer rein philosophischen Idee von der Bedeutung des Begriffes Franchising ableiten, sondern auch aus dem teilweise geschäftsbesorgungsvertraglichen Charakter eines Franchisevertrages und aus der Pflicht des Franchisenehmers, die Interessen des Franchisegebers zu wahren. Da es nämlich das Interesse des Franchisegebers ist, das System voranzubringen und das Konzept immer wieder zu erneuern und zu optimieren, ist es die damit korrespondierende Pflicht des Franchisenehmers, dies durch die eigene Geschäftstätigkeit zu unterstützen. Diese sogenannte Systemaufbaupflicht als Steigerung der Systemanwendungspflicht des Franchisenehmers konkretisiert sich beispielsweise in der Pflicht, stets den Markt am eigenen Standort und im eigenen Vertragsgebiet zu beobachten und zu analysieren und die entsprechenden Analysen aufzuarbeiten bzw. dem Franchisegeber zur Verfügung zu stellen. Daneben stellt es ebenfalls eine, wenn auch schwer einklagbare Pflicht des Franchisenehmers dar, stets nach Verbesserungsmöglichkeiten bei der Umsetzung des Franchisekonzeptes zu suchen, um dann neue Ideen gemeinsam mit dem Franchisegeber und den anderen Franchisenehmern für die Praxis nutzbar zu machen.

Variante 1: Konkrete Verpflichtungen zur Marktbeobachtung

1. *Der Franchisenehmer ist beim Betrieb seines Franchise-Outlets gehalten, stets den lokalen Markt zu beobachten, Kundenverhalten zu registrieren und zu dokumentieren sowie die Wirkung der an seinem Standort eingesetzten Marketing- und Werbemaßnahmen zu analysieren.*
2. *Er ist verpflichtet, die sich daraus ergebenden Erkenntnisse, soweit dies im Rahmen dieses Vertrages und der damit verbundenen Handbücher zulässig ist, umzusetzen, und sie darüber hinaus gegenüber dem Franchisegeber zu kommunizieren.*

Variante 2: Allgemeine Verpflichtung zur Mitwirkung bei der Weiterentwicklung der Marke

Der Franchisenehmer hat es sich stets zur Aufgabe zu machen, an der positiven Aufladung der Marke des Franchisesystems mitzuarbeiten und Möglichkeiten der Optimierung des Franchisekonzeptes in Zusammenarbeit mit den anderen Franchisenehmern zu erörtern und dem Franchisegeber mitzuteilen.

► Franchisesysteme sollten grundsätzlich eine Entscheidung treffen, inwieweit der Franchisenehmer über seine Betreiberverpflichtung hinaus am Franchisestandort in die Positionierung der Marke mit eingebunden ist. Diesbezüglich ist es sinnvoll, einen Fragenkatalog zu den Aufgaben eines Franchisenehmers zu erstellen, woraufhin diese dann als Prozesse ins Administrationsmanual integriert werden.

Beispiele für Inhalte eines Fragenkataloges

- Übernahme von ehrenamtlichen Verpflichtungen in der Region
- Sponsoring von Vereinen oder öffentlichen sozialen Veranstaltungen
- Besetzung von Werbeflächen
- Ausarbeitung von Werbekooperationen in der Region
- Erstellung von Content für die standortbezogene Webseite ◄

Fallstrick

Bei vielen Franchisesystemen auf dem Markt gibt es keine detaillierten Dokumentationen zur Systemaufbaupflicht. Dadurch wird das Potenzial der Marke in der Region nicht richtig ausgeschöpft. Zum Beispiel werden Werbeflächen in der Region nicht optimal genutzt, die Marke lebt nicht durch den Franchisenehmer. Ein anderes Beispiel ist das Internet, welches eigentlich von Content lebt. Selten werden Franchisenehmer vom Franchisegeber dazu verpflichtet, Aktionen zur Markenbildung in ihrer Region zu veranstalten und diese auf der eigenen Standorthomepage zu kommunizieren. Dies ist verschenktes Potenzial einer Systemkette.

2.9 Systemanwendungspflicht des Franchisenehmers

Die wesentliche Hauptleistungspflicht des Franchisenehmers neben der Zahlung der unterschiedlichen Gebühren ist die Pflicht zur Umsetzung bzw. zur Anwendung des jeweiligen Franchisekonzepts. Dies ergibt sich schon bereits aus der Natur des Franchisings, sodass eine nähere Beschreibung des konkreten Inhalts dieser Systemanwendungspflicht weniger rechtliche, als vielmehr strategische und bewusstseinsfördernde Bedeutung hat. Grundsätzlich allerdings sollte zumindest die Pflicht zur Anwendung des Franchisekonzeptes als solche festgehalten werden, denn es gab durchaus in der Vergangenheit Franchiseverträge, die eine solche Anwendungspflicht nicht vorsahen, was dann zu sehr überraschenden Gerichtsurteilen führte.

Während hier in Variante 1 beispielhaft jene Komponenten der Systemanwendungspflicht aufgeführt werden, die eine optimale Positionierung der Franchisemarke auf dem Markt sicherstellen sollen, so sind in Variante 2 eher diejenigen Pflichten aufgeführt, die sich bereits aus dem Gesetz bzw. aus dem Status des Franchisenehmers als selbstständiger Unternehmer ergeben.

Aus Sicht des Juristen ist es daher Geschmackssache, welche konkreten Aspekte im Franchisevertrag deutlicher herausgestellt, und welche als selbstverständlich gar nicht genannt werden.

In Variante 2 wird im dritten Absatz noch ergänzend angeführt die sogenannte Absatzförderungspflicht, welche insbesondere aus dem Handelsvertreterrecht bekannt ist. Als Ausfluss der Pflicht zur optimalen Anwendung und Umsetzung des Franchisekonzeptes ergibt sich naturgemäß auch die Pflicht, den Vertrieb der Vertragsprodukte oder den Umsatz mit systemtypischen Dienstleistungen zu optimieren und zu fördern.

Variante 1: Standorteröffnung und Systemanwendung

1. *Der Franchisenehmer ist verpflichtet, innerhalb von drei Monaten nach Vertragsunterzeichnung ein Geschäft nach dem XYZ-Franchisesystem an dem vereinbarten Standort zu eröffnen, und es zu den dort üblichen Ladenöffnungszeiten geöffnet zu halten.*
2. *Er hat das sich aus dem Franchisehandbuch, aus weiteren Richtlinien, und aus gegebenenfalls erfolgten Einzelweisungen sich zusammensetzenden Geschäftskonzept des Franchisegebers umzusetzen, und durch die optimale und zielgerichtete Umsetzung das der Marke XYZ eigene Markenerlebnis für den Endkunden zu gewährleisten.*
3. *Die Pflicht des Franchisenehmers zur Umsetzung des Franchisekonzeptes bezieht sich auch auf eine nachträgliche Anpassung des Konzeptes, sofern diese von den Vorgaben dieses Franchisevertrages gedeckt sind.*

Variante 2: Qualitätssicherung und Absatzförderung

1. *Der Franchisenehmer hat sein Unternehmen mit der Sorgfalt eines ordentlichen Kaufmanns zu führen, sich im Rahmen der geltenden gesetzlichen Regelungen zu halten, die Corporate Identity des Franchisekonzepts einzuhalten und den guten Ruf des XYZ Franchisesystems zu wahren.*
2. *Durch Einrichtung eines Qualitätsmanagementsystems nach den Vorgaben des Franchisegebers hat er die gleich bleibende Qualität der Vertragsprodukte und der Dienstleistungen sicherzustellen.*
3. *Der Franchisenehmer hat sich stets nach bestem Wissen und Gewissen um den Absatz der Vertragsprodukte zu bemühen.*

► Ein Franchisevertrag kann hier nur den Rahmen geben! Der Franchisegeber ist für die Führung des Franchisesystems verantwortlich. Der Franchisegeber muss sich in seinem Führungsverhalten auch darauf einstellen, dass er mit Franchisenehmern, welche als selbstständige Unternehmer agieren, zusammenarbeitet. Ein Franchisevertrag kann nicht die Unternehmenskultur ersetzen, aber in der Kombination mit Administrationsmanual und dem Handbuch der Systemgrundlagen eine detaillierte Form der Zusammenarbeit als Unternehmenskultur etablieren. Erst durch eine ineinandergreifende Systemstruktur entstehen im System Führungsmodule, welche das Franchisesystem auf Dauer in Innovation und Wachstum bereichern.

2.10 Systemeingliederungspflicht des Franchisegebers

Sind auch der Franchisevertrag, das Administrationsmanual und das Handbuch der Systemgrundlagen die wesentlichen Grundlagen der Franchisepartnerschaft, und bilden sie den Rahmen für die rechtliche und operative Umsetzung des jeweiligen Franchisesystems, so führt dennoch die bisweilen anzutreffende Praxis, bei der die einzelnen Franchisenehmer nach Erhalt dieser Unterlagen unbegleitet auf den freien Markt zur Umsetzung der Franchisesystems entlassen wurden, zu keinem nachhaltigen und erfolgreichen Franchisesystem.

Aufgrund seiner Erfahrung und seines erprobten Trainingsystems ist der Franchisegeber in der Lage, den Franchisenehmer gerade zu Beginn der Franchisepartnerschaft zu unterstützen. So gilt es auch anerkanntermaßen rechtlich als eine der zentralen Hauptleistungspflichten des Franchisegebers, den Franchisenehmer in das Franchisesystem einzugliedern. Zentraler Bestandteil dabei ist natürlich der Know-how-Transfer, der sich zunächst formal durch die Übergabe des Handbuchs und in Schulungen vollzieht. Dies jedoch mit Leben zu füllen, erfordert ein erhebliches Mehr an Begleitung und Unterstützung in der Startphase. Während in Variante 1 diese Pflichten grob umrissen werden, gliedert Variante 2 diese in ihren wesentlichen Aspekten einzeln auf, unterteilt nach Existenzgründungsphase, Aufbauphase, und konkreter Eröffnung. Je mehr ein Franchisegeber gerade in dieser Phase in seinen neuen Franchisenehmer investiert, umso mehr besteht die Wahrscheinlichkeit einer nachhaltigen Identifizierung des Franchisenehmers mit dem Franchisesystem. Wenn auch nicht alle einzelnen in Variante 2 aufgezählten Leistungen stets zwingend zur Verpflichtung eines Franchisegebers gehören, so stecken sie doch in etwa den Rahmen einer angemessenen Eingliederungsleistung ab, die unter anderem im Gegenseitigkeitsverhältnis zu der gezahlten Eintrittsgebühr stehen muss. Erbringt ein Franchisegeber keinerlei Eingliederungsleistungen und stellt er auch keinerlei wirklich nachhaltiges und nützliches Know-how zur Verfügung, so stellt sich stets die Frage der Berechtigung einer Eintrittsgebühr.

▶ **Wichtig** Eine Eintrittsgebühr muss nicht unbedingt nur das Training abgelten. Je nach Konzept und Wachstumstrategie des Franchisesysterms kann diese auch die Standortausarbeitung, die Eröffnungsbetreuung, aber auch die Baubetreuung beinhalten. Die Leistungen, die mit der Eintrittsgebühr abgegolten werden, sollten im Administrationsmanual beschrieben werden.

Variante 1: Schulungsverpflichtung zum System-Know-how

Der Franchisegeber ist verpflichtet, dem Franchisenehmer zu Beginn der Vertragslaufzeit das systemtypische Know-how durch Übergabe des Franchisehandbuchs und durch Schulungen zu vermitteln. Der Franchisegeber unterstützt den Franchisenehmer bei der Planung und Gründung seines Franchise-Outlets.

Variante 2: Detaillierte Businessunterstützung des Franchisegebers

1. *Die Eingliederung des Franchisenehmers in das Franchisesystem ist eine wesentliche Pflicht des Franchisegebers.*
2. *Vor der Errichtung des Franchise-Outlets durch den Franchisenehmer unterstützt der Franchisegeber ihn bei der Erstellung eines Businessplans, bei der Suche nach Finanzierungsmöglichkeiten, bei der Standortanalyse und bei Mietvertragsverhandlungen.*
3. *Der Franchisegeber ist verpflichtet, dem Franchisenehmer das systemspezifische Know-how zu überlassen, den Franchisenehmer umfassend zu schulen, die leitenden Mitarbeiter des Franchisenehmers zu trainieren, den Franchisenehmer bei der Einrichtung seines Franchise-Outlets zu beraten, ihm die systemspezifische Software zu überlassen sowie Lieferanten und Dienstleister zu vermitteln.*
4. *Im Rahmen der Eröffnung des Franchise-Outlets übernimmt der Franchisegeber die Eröffnungswerbung, stellt dem Franchisenehmer ein Starterpaket mit Merchandising-Artikeln zur Verfügung und organisiert gemeinsam mit ihm eine „Grand Opening"-Veranstaltung.*

► Die Eingliederungsleistung ist das sogenannte Training, welches sich in den Franchisesystemen hinsichtlich der Anforderungen und auch im Zeitrahmen stark unterscheidet. Ein Franchisesystem sollte sich im Vorfeld der Vertragsgestaltung Gedanken über die Trainingsanforderungen machen. Training kann verpflichtend, muss aber nicht kostenfrei sein. Deshalb ist auch in der Vertragsplanung zu entscheiden, inwieweit die Eingliederung in das System mit der Eröffnungsfee, auch Eintrittsgebühr genannt, abgegolten ist.

► **Wichtig** Sobald der Eröffnungstermin bekannt ist, die Finanzierung steht und sowohl Miet- als auch Franchisevertrag unterschrieben sind, sollte eine Eröffnungsplanung zur Verfügung gestellt werden, die Aufgaben, Termine und Regelwerke des Franchisenehmers und Franchisegebers klar definiert.

Fallstrick

Der Franchisegeber trainiert am Standort den Franchisenehmer und bisweilen auch dessen Mitarbeiter, obwohl das Training der Mitarbeiter eigentlich die Aufgabe des Franchisenehmers ist, da dieser auch die Personalhoheit hat. Nachteil für den Franchisegeber ist ein erheblicher Trainingsaufwand und die Effizienz in der Kompetenzübermittlung der Systemgrundlagen erfolgt nicht in der benötigten Konsequenz. Die Ideallösung ist, dass der Franchisenehmer die Ausbildung erhält die Systemgrundlagen umzusetzen, aber auch die Trainingssysteme des Franchisesystems zu nutzen. Der Franchisenehmer trainiert dann seine Mitarbeiter und der Franchisegeber kontrolliert den Erfolg des Trainings. Nur so können Wissenslücken oder Trainingsdefizite aufgearbeitet werden und eine erfolgreiche Systemintegration stattfinden. Den Fallstrick haben wir mit einer Lösung gleichgesetzt, denn dieser beinhaltet als Beispiel eine Prozesslösung, welche im Administrationsmanual zum Franchisevertrag festgehalten werden kann.

2.11 Beratungsleistung des Franchisegebers

Da das Wesen des Franchisings nicht nur darin besteht, das spezifische Know-how eines besonderen Geschäftsmodells einmalig auf einen Franchisenehmer zu übertragen, sondern vor allem auch darin, dass beide Partner bei der optimalen Umsetzung des Geschäftsmodells und bei dessen Fortentwicklung und Wertsteigerung zusammenwirken, gehört es auch zu den zentralen Verpflichtungen des Franchisegebers, den Franchisenehmer während der gesamten Vertragslaufzeit zu beraten und zu unterstützen. Es ist zuzugestehen, dass eine konkret messbare oder überprüfbare Beschreibung dieser Verpflichtungen und insbesondere ihres konkreten geschuldeten Umfangs fast nicht möglich ist. Daher begnügen sich entsprechende Vertragsklauseln in der Regel auch damit, die Beratungs- und Unterstützungspflichten des Franchisegebers allgemein zu benennen oder hinsichtlich ihrer einzelnen Komponenten detailliert im Administrationsmanual aufzuzeigen. Inwieweit dann im konkreten Einzelfall ein Franchisegeber möglicherweise seine diesbezüglichen Verpflichtungen nicht ausreichend erfüllt, ist dann stets eine Frage des Einzelfalles, über die sich trefflich streiten lässt. Wie die beispielhaften Aufzählungen, hier insbesondere in Variante 2 und 3, erkennen lassen, umfassen die entsprechenden Beratungspflichten alle Facetten der Betriebsführung eines Unternehmens. Vereinzelt wird in manchen Verträgen zumindest der Versuch unternommen, die Verpflichtungen punktuell etwas näher auszugestalten, beispielsweise durch die Verpflichtung, eine Hotline zu unterhalten, einen Newsletter zu versenden oder andere konkrete Angebote in bestimmtem Umfang bereitzustellen. Besondere Bedeutung kommt bisweilen der Beratung hinsichtlich geeigneter Dienstleister und Lieferanten zu (Variante 2), in der Regel allerdings nur dann, wenn diese nicht sowieso vom Franchisegeber verbindlich vorgegeben werden.

Variante 1: Franchisegeber berät und unterstützt den Franchisenehmer nach pflichtgemäßem Ermessen

Der Franchisegeber berät und unterstützt den Franchisenehmer kontinuierlich während der gesamten Vertragslaufzeit im Rahmen seines pflichtgemäßen Ermessens bei allen Fragen, die den Betrieb eines Franchise-Outlets nach der Marke XYZ betreffen, sowohl im kaufmännischen und im technischen Bereich als auch im Bereich von Marketing und Werbung.

Variante 2: Franchisegeber vermittelt und empfiehlt dem Franchisenehmer Lieferanten und Dienstleister

1. *Der Franchisegeber ist verpflichtet, den Franchisenehmer in allen Fragen, die kaufmännische Führung seines Franchise-Outlets, Marketing und Marktbeobachtung, die konkreten Produkte und Dienstleistungen, Personalwesen und Personalschulung, Kundenkommunikation und Kundenservice, sowie technische Anforderungen, insbesondere im IT-Bereich, betreffend zu beraten und zu unterstützen.*
2. *Der Franchisegeber vermittelt und empfiehlt dem Franchisenehmer Lieferanten und Dienstleister, soweit mit diesen für das gesamte Franchisesystem Rahmenverträge bestehen oder sie aufgrund der Erfahrung des Franchisegebers in der Lage sind, den konkreten systemspezifischen Anforderungen gerecht zu werden.*

Variante 3: Franchisegeber unterhält Hotline und ist für den Franchisenehmer regelmäßig erreichbar

1. *Wesentliche Pflicht des Franchisegebers ist die laufende Beratung oder Unterstützung des Franchisenehmers in allen kaufmännischen, technischen, produktbezogenen und das Marketing betreffenden Fragen.*
2. *Der Franchisegeber unterhält eine Hotline und ist für den Franchisenehmer stets zu den üblichen Ladenöffnungszeiten erreichbar. Wesentliche Informationen, sowohl den laufenden Betrieb als auch projektierte Änderungen am System betreffend, werden in den monatlich erscheinenden Newsletter im Rahmen des vom Franchisegeber zur Verfügung gestellten Intranets eingestellt.*

► Eine Aufzählung der Beratungsleistungen enthält in vielen Franchisesystemen das Handbuch der Systemgrundlagen. Dies sollte überdacht werden, denn zur Systemführung am Standort gehören operative Prozesse und keine Administrationsprozesse oder Prozesse zur allgemeinen Betriebsführung.

Fallstrick

Wenn ein Unternehmen zum Franchisegeber wird, welches bisher nur betriebseigene Standorte geführt hat, fällt es ihm oft sehr schwer mit den unterschiedlichen Anforderungen an die Führung von Eigenbetrieben und Franchisebetrieben umzugehen. Ohne fremde Hilfe ist diese Umstellung von der Weisungsfunktion zur beratenden Funktion ohne große Komplikationen nicht möglich. Im Eigenbetrieb stehen eigene Mitarbeiter hier in der Erfüllungspflicht.

Bei einem Franchisenehmer handelt es sich um einen selbstständigen Unternehmer, sodass die Weisungsfunktion geringere Bedeutung hat. Die Weisungsbefugnis des Franchisegebers bezieht sich vor allem auf die Umsetzung der Systemgrundlagen zum Schutz der Marke, aber beispielsweise nicht auf den Bereich der Wirtschaftlichkeit der Unternehmensführung.

Häufig heißt es, den Franchisegeber interessiere nur der Umsatz und für die betriebswirtschaftliche Leistung sei der Franchisenehmer verantwortlich. Dies stimmt nicht ganz, denn der Franchisegeber schöpft aus einem enormen Potenzial von Best Practice und kann somit den Franchisenehmer in seiner Wirtschaftlichkeit optimal beraten. Auch hier wird erkennbar, wie wichtig es ist, praxisnahe und umsetzbare Prozessstrukturen im Administrationsmanual festzulegen, worauf der Franchisegeber in seiner beratenden Funktion zurückgreifen kann oder aufgrund dessen er nötigenfalls den Franchisenehmer zum Schutze der Marke und der gesamten Franchisenehmerschaft abmahnen kann.

2.12 Schulungen des Franchisegebers

Neben der Übergabe des Franchisehandbuchs bilden die Schulungen des Franchisegebers den wesentlichen Ort für die Übermittlung des systemspezifischen Know-hows. Daher ist im Grunde genommen kein Franchisesystem denkbar ohne eine Einführungsschulung in jeweils angemessenem Umfang. Um die vom Franchisegeber in der Regel geforderte Eintrittsgebühr zu rechtfertigen, sollten diese Einführungsschulungen stets von diesen Gebühren mit gedeckt sein. Da ein Franchisesystem jedoch davon lebt, dass es sich stets fortentwickelt und da der Franchisegeber darüber hinaus auch dazu verpflichtet ist, seine Franchisenehmer kontinuierlich zu beraten und zu betreuen, bilden auch regelmäßige weitere Schulungen während der gesamten Vertragslaufzeit einen Grundpfeiler der effektiven Zusammenarbeit. Je umfassender und je größer ein Franchisesystem ist, je spezifischer die Anforderungen und je differenzierter die Führungsebenen aufseiten des Franchisenehmers sich gestalten, umso differenzierter sollte sich auch das Schulungskonzept des Franchisegebers darstellen (Variante 3). Hierbei ist es durchaus möglich, die Mitarbeiter des Franchisenehmers ebenfalls vom Franchisegeber schulen zu lassen oder aber den Franchisenehmer entsprechend zu verpflichten. In jeglicher Vertragsklausel die Schulungen betreffend sollte stets geregelt werden, wer wie oft an welcher Art von Schulungen zur Teilnahme verpflichtet ist, wer welche Kosten zu tragen hat und welchen zeitlichen Umfang die jeweiligen verbindlichen Schulungsmaßnahmen haben. Bei internationalen Franchisesystemen spielt dann zusätzlich auch der konkrete Schulungsort eine größere Rolle.

Variante 1: Verpflichtung zur Teilnahme an der Einführungsschulung

1. *Im Rahmen der Eingliederung in das Franchisesystem nimmt der Franchisenehmer an einer vierwöchigen Einführungsschulung teil. Diese dient im Wesentlichen der Übertragung des systemspezifischen Know-hows zur Führung eines Franchisebetriebes der Marke XYZ. Die Kosten für die Einführungsschulung sind Bestandteil der vom Franchisenehmer zu zahlenden Eintrittsgebühr, Unterkunft und Reisekosten jedoch hat der Franchisenehmer selbst zu tragen.*
2. *Während der Dauer der Vertragslaufzeit bietet der Franchisegeber regelmäßig Ergänzungs-, Wiederholungs- oder spezielle Themenschulungen an. Diese sind für den Franchisenehmer kostenpflichtig.*

Variante 2: Einführungsschulung und teilweise verpflichtende jährliche Schulungen

1. *Der Franchisenehmer ist zur Teilnahme an der vom Franchisegeber organisierten Eröffnungsschulung verpflichtet, welche sich über den Zeitraum von zwei Wochen erstreckt. Reise- und Übernachtungskosten trägt der Franchisenehmer.*

2. *Während der gesamten Vertragslaufzeit finden regelmäßig weitere Schulungen statt, an denen der Franchisenehmer mindestens einmal jährlich teilnehmen muss. Diese Schulungen dienen der Qualitätssicherung und der Erhaltung des einheitlichen Markenimages. Je nach Bedeutung weist der Franchisegeber derartige Schulungen ausdrücklich teilweise als verpflichtend oder als fakultativ aus.*

Variante 3: Umfassendes Schulungskonzept

1. *Zur Übertragung des systemspezifischen Know-hows und zur fortwährenden Weiterbildung des Franchisenehmers und seiner Mitarbeiter hat der Franchisegeber ein umfassendes Schulungskonzept ausgearbeitet.*
2. *Die Teilnahme an der Einführungsschulung ist für den Franchisenehmer sowie für jeden leitenden Mitarbeiter, der für die eigenverantwortliche Leitung einer Filiale verantwortlich sein soll, verpflichtend.*
3. *Die laufenden Schulungen des Franchisegebers, welche halbjährlich stattfinden, sind ebenfalls verpflichtet.*
4. *Weitere Schulungen zu besonderen Themen können nach pflichtgemäßem Ermessen des Franchisenehmers gebucht werden.*
5. *Der Franchisegeber stellt ein umfassendes Mitarbeiterschulungskonzept zur Verfügung. Der Franchisenehmer hat sicherzustellen, dass sämtliche Mitarbeiter vor Übernahme einer Tätigkeit nach den betreffenden Schulungsrichtlinien des Franchisegebers entweder vom Franchisenehmer geschult werden oder aber an entsprechenden Angeboten des Franchisegebers teilnehmen.*
6. *Lediglich die Einführungsschulung ist für den Franchisenehmer und seine leitenden Mitarbeiter kostenfrei, Reise- und Unterkunftskosten jedoch müssen stets vom Franchisenehmer übernommen werden.*

2.13 ERFA-Tagungen

Ein wesentliches Element des Informationsaustausches, der Fortbildung, der Meinungsbildung innerhalb der Franchisenehmerschaft, aber auch der kreativen Weiterentwicklung des Franchisesystems ist die in den meisten Systemen übliche jährliche ERFA-Tagung, auch häufig Partnertag genannt. Die Bandbreite der Gestaltungsmöglichkeiten ist groß, manche Franchisegeber legen Ablauf, Umfang und Verpflichtungsgrad der Teilnahme sehr detailliert fest, in anderen Verträgen behalten sich Franchisegeber die genauen Modalitäten im Wesentlichen vor, so wie in Variante 2. Stets sollte man sich bei der Vertragsgestaltung fragen, inwieweit man sich zum einen als Franchisegeber selbst bereits vorab exakt binden will und inwieweit zu strenge Verpflichtungen der Franchisenehmer möglicherweise zu sehr in deren unternehmerische Selbstständigkeit eingreifen.

Variante 1: Verpflichtender Partnertag

1. *Einmal jährlich findet in der Systemzentrale des Franchisegebers der Partnertag statt. Alle Franchisenehmer sind verpflichtet, daran teilzunehmen. Ist der Franchisenehmer verhindert, so kann er sich nur aus wichtigem Grund entschuldigen lassen und hat diesen Grund dem Franchisegeber darzulegen. Der Partnertag erstreckt sich über ein Wochenende von Freitagnachmittag bis einschließlich Sonntag.*
2. *Der Franchisegeber präsentiert im Rahmen des Partnertags seinen Jahresbericht einschließlich aller wesentlichen Kennzahlen des Franchisesystems sowie anonymisierte Betriebsvergleiche der Franchisenehmer. Außerdem stellt er die für das kommende Jahr geplanten Projekte und Änderungen ausführlich vor.*
3. *Die Franchisenehmer haben sich im Rahmen von Plenumssitzungen und Arbeitsgruppen umfassend in die Ausgestaltung und Fortentwicklung des Franchisesystems einzubringen.*
4. *Der Franchisegeber ist verpflichtet, Kenntnisse und Ergebnisse, die sich aus dem Partnertag ergeben, in seine Arbeit einzubeziehen und über eine eventuelle Umsetzung von gemeinsam besprochenen Projekten regelmäßig zu berichten.*

Variante 2: ERFA-Tagung ab bestimmter Systemgröße

1. *Jährlich finden am Sitz des Franchisegebers ERFA-Tagungen statt, an denen alle Franchisenehmer teilnehmen sollen.*
2. *Der Franchisegeber ist nicht zur Abhaltung solcher ERFA-Tagungen verpflichtet, solange es nicht mindestens zehn Franchisenehmer gibt.*

2.14 Änderungsvorbehalt

Jeder Franchisegeber ist berechtigt und verpflichtet, sein System und damit auch die einzelnen Abläufe und Vorgaben regelmäßig an die Marktbedingungen und an gesellschaftliche oder rechtliche Änderungen anzupassen, und sich dabei an gemachten Erfahrungen zu orientieren. Kein Unternehmen kann überleben, wenn alles so bleibt, wie es immer schon war. In immer schnelllebigeren Zeiten ändern sich auch in immer kürzeren Zeitintervallen die Kundenwünsche. Und auch die Digitalisierung zwingt dazu, Prozesse und Strukturen in immer kürzeren Zeitabständen zu überdenken und anzupassen. Somit liegt es im Interesse sowohl des Franchisegebers als auch aller Franchisenehmer, dass auch das Geschäftsmodell des Franchise-Systems stets und kontinuierlich fortentwickelt wird. Da ein Franchisevertrag nun aber mal eine mehrjährige Laufzeit hat, ist es daher erforderlich, ihn mit einem sogenannten Änderungsvorbehalt auszustatten. Das bedeutet, dass der Franchisegeber in gewissen Grenzen, die die berechtigten Interessen und insbesondere auch die wirtschaftlichen Möglichkeiten der Franchisenehmer berücksichtigen, sein Geschäftsmodell nicht nur in seinem Pilotbetrieb weiter entwickeln und anpassen kann, sondern die Umsetzung dieser Anpassungen auch von jedem einzelnen Franchisenehmer verlangen kann. Änderungsvorbehaltsklauseln sind notwendigerweise unbestimmt, denn bei Vertragsunterzeichnung weiß man ja gerade noch nicht, was einmal geändert werden soll. Dennoch sollte inhaltlich und/oder wirtschaftlich ein gewisser Rahmen abgesteckt werden, damit die Investitionen und der Aufwand, die solche Änderungen und Anpassungen mit sich bringen, zumindest grob kalkulierbar sind. Denn jede Änderung ist in der Regel für die Franchisenehmer mit neuen Investitionen verbunden, beispielsweise bei einem Relaunch der Marke, bei der Änderung der Innenausstattung oder bei Ergänzungen des Portfolios durch zusätzliche Dienstleistungen. Je konkreter eine Änderungsvorbehaltsklausel formuliert ist, umso unwahrscheinlicher ist es, dass irgendwann einmal ein Gericht sie im Rahmen einer AGB-Kontrolle als einseitig und benachteiligend kassiert.

Auch das Franchisehandbuch, welches die Betriebsabläufe detailliert darstellt, unterliegt zwingend diesem Änderungsvorbehalt, sodass ergänzend zu der allgemeinen Änderungsvorbehaltsklausel auch in den Regelungen zum Handbuch nochmals entsprechende Hinweise aufgenommen werden sollten (siehe folgendes Kapitel).

Variante 1: Änderungsvorbehalt unter Berücksichtigung von Treu und Glauben

Der Franchisenehmer ist berechtigt, sein Franchisesystem weiter zu entwickeln, und geänderten Marktbedingungen oder Kundenwünschen anzupassen. Dabei hat er die berechtigten Interessen des Franchisenehmers angemessen zu berücksichtigen.

Variante 2: Änderungsvorbehalt mit Deckelung der Umsetzungskosten

1. *Der Franchisegeber wird von Zeit zu Zeit sein Geschäftskonzept modernisieren und gegebenenfalls fortentwickeln.*
2. *Der Franchisenehmer ist verpflichtet, diese Änderungen mit einer Umsetzungsfrist von sechs Monaten ab entsprechender schriftlicher Ankündigung umzusetzen.*
3. *Der Franchisegeber ist nicht berechtigt, durch solche Änderungen den grundsätzlichen Charakter seines Geschäftskonzeptes zu verändern. Vor Einführung wesentlicher Änderungen wird er stets den Franchisenehmerbeirat anhören.*
4. *Die Investitionen, die im Rahmen derartige Änderungen erforderlich sind, werden für den einzelnen Franchisenehmer .... € pro Vertragsjahr nicht überschreiten.*

2.15 Administrationsmanual

Als Medium der Dokumentation des systemspezifischen Know-hows ist keineswegs ein einzelnes Franchisehandbuch zwingend vorgeschrieben, auch wenn es in vielen, insbesondere kleineren Franchisesystemen nach wie vor das einzige und zentrale Dokumentationsmedium ist. Gerade in größeren komplexeren Franchisesystemen ist es mittlerweile üblich, diejenigen Prozesse, die weniger das zu franchisierende Geschäftsmodell betreffen, als vielmehr die Beziehung zwischen Franchisegeber und Franchisenehmer selbst, in einem gesonderten Administrationsmanual zu beschreiben. Dabei geht es beispielsweise um die Form der regelmäßigen Kommunikation, Einleitung und Durchführung von internen Ideenwettbewerben hinsichtlich der Fortentwicklung des Franchisesystems, um Regularien für die Abwicklung der Beendigung einer Franchise-Partnerschaft bzw. die Verlängerung des Vertrages und vieles andere mehr. Teilweise wird es sich hierbei auf den ersten Blick um bloße Empfehlungen handeln, aus denen der Franchisenehmer dann allenfalls im Rahmen von Treu und Glauben einen Rechtsanspruch herleiten kann, teilweise jedoch um dezidierte Konkretisierungen der einzelnen Bestimmungen des Franchisevertrags. Somit ist das Adminstrationsmanual durchaus ein wichtiger Bestandteil, um den Vertrag selbst von übermäßigem Ballast zu befreien, in dem die Details anhand einer Prozessdarstellung eher an dieser Stelle geregelt werden. Je nach Grad der Verbindlichkeit und nach dem konkreten Charakter der jeweiligen Regelungen ist dann auch jeweils gesondert zu überlegen, welche Regelungen lediglich die Vertragsbestimmungen ergänzen, bei welchen Regelungen es sich nur um Empfehlungen handelt, und welche Regelungen mit der Fortentwicklung des Systems auch den typischen Änderungsvorbehalten, wie sie für das normale Franchisehandbuch üblich sind, unterliegen. Danach beurteilt es sich auch, inwieweit eine Regelung im Vertrag über das Adminstrationsmanual hinsichtlich der weiteren rechtlichen Einordnung auf den jeweiligen Paragrafen über das Franchisehandbuch verweisen kann oder inwieweit die Inhalte des Administrationsmanuals eigenen rechtlichen Rahmenvorgaben zu genügen haben.

Auch wenn ein möglicherweise zu Beginn noch eher kleineres Franchisesystem zunächst lediglich ein einziges Handbuch erstellen lassen will, welches alle relevanten Prozesse dokumentiert, so sollte sich der Franchisegeber im Rahmen der jeweiligen Klausel über das Handbuch die Einführung weiterer Handbücher, beispielsweise eines Adminstrationsmanuals, ausdrücklich vorbehalten (vgl. Abb. 2.2).

Variante 1: Administrationsmanual mit Verweis auf Franchisehandbuch

1. *Im Administrationsmanual sind sämtliche Prozesse dokumentiert und beschrieben, die die konkrete Durchführung des Franchisevertrages zwischen Franchisegeber und Franchisenehmer betreffen. In Abgrenzung zum Franchisehandbuch, welches das systemspezifische Know-how des jeweiligen Franchisekonzeptes betrifft, finden sich hier überwiegend vertragsergänzende Regelungen,*

Administrationsmanual und dessen Inhalte

Das Adminstrationsmanual ist durchaus ein wichtiger Bestandteil, um den Franchisevertrag selbst von übermäßigem Ballast zu befreien, in dem die Details der Zusammenarbeit , Aufgaben und Regelungen von Franchisenehmer und Franchisegeber, anhand einer Prozessdarstellung geregelt werden.

Beispiele an Inhalte

•Standortbezogene Webseite und Aufgaben des FN
•Internet / Standort /Filiale Netzzugang Kunden
•Internet – FG (Web-Portal) Nutzung und Sicherheit
•Netzsicherheit und dessen Regelwerke
•Warenwirtschaftsystem und dessen Anforderung
•Kassensysteme, Vorgaben und Spezifikationen
•Videoüberwachung, Standard und Positionierung
•Franchisenehmer - Aufgaben - Erklärung - Definition
•Single-Franchisenehmer (Einzel-Franchising)
•Lieferantenaudits extern
•Qualitätsaudits in Franchisefilialen
•Zertifizierung von " Neuen Lieferanten"
•Abtretungserklärung der Verantwortung des Franchisegebers an Franchisenehmer bei Verstoß des Lieferprozesses
•Veräußerung von Systemeinheiten / Filialen
•Übernahme von Franchisefilialen in 2. Generation
•Veräußerung einer Systemeinheit / Franchisefiliale
•Berechnungsmatrix bei Filialverkäufen
u.v.m.

Abb. 2.2 Administrationsmanual und dessen Inhalte

die auch den konkreten Umgang der Vertragspartner miteinander betreffen und somit Empfehlungscharakter haben.

2. *Soweit es sich bei den im Administrationsmanual niedergelegten Beschreibungen um verbindliche Vorgaben handelt, wird hinsichtlich der Geheimhaltung, hinsichtlich möglicher Änderungen und auch hinsichtlich der Übergabe des Eigentums auf die entsprechenden Vorschriften über das Franchisehandbuch verwiesen.*

Variante 2: Administrationmanual mit Änderungsvorbehalt

1. *Der Franchisegeber überlässt dem Franchisenehmer mit Vertragsunterzeichnung das Administrationsmanual, welches die vertraglichen Regelungen konkretisiert und näher beschreibt, soweit sie die direkte Zusammenarbeit und Kommunikation zwischen Franchisegeber und Franchisenehmer betreffen.*
2. *Soweit die einzelnen Ablaufbeschreibungen nicht ausdrücklich lediglich als Empfehlungen bezeichnet werden, sind sie für beide Vertragspartner rechtlich bindend.*

3. *Der Franchisegeber ist berechtigt, aufgrund seiner stets größer werdenden Erfahrung mit dem Franchisekonzept, aufgrund der Änderung der Marktbedingungen, und aufgrund etwaiger Änderungen der Rechtslage die Vorschriften in dem Administrationsmanual anzupassen und zu ändern. Er darf dabei jedoch die berechtigten Interessen des Franchisenehmers nicht außer Acht lassen und insbesondere keine neuen Regelungen einführen, die direkt den Vereinbarungen in diesem Franchisevertrag widersprechen.*

Fallstrick

Franchiseverträge werden mit Richtlinien überfrachtet und im Detail weiß der Franchisenehmer nicht, was er direkt zu tun hat, da wesentliche Inhalte zur Umsetzung im Franchisevertrag fehlen. Diesbezüglich ist das Administrationsmanual ein Bestandteil des Franchisevertrages, Prozesse können nicht nur in Schriftform dargestellt, sondern auch mit Bildern oder Arbeitsschritten als Grafiken untermauert werden. Gerade kleine Franchisesysteme versuchen zum Beispiel den Prozess Abrechnungssystem der Franchisegebühren oder auch den Umsatzmeldeprozess im Handbuch der Systemgrundlagen, auch Franchisehandbuch genannt, zu integrieren. Letztlich ist dies nicht optimal, denn das Handbuch der Systemgrundlagen ist ein Handbuch, welches die Umsetzung des Systems beinhaltet und nicht die administrativen Aufgaben des Franchisenehmers. Man sollte in der Prozesszuordnung die Handbücher klar definieren.

2.16 Franchisehandbuch und Know-how-Schutz

Das Franchisehandbuch oder auch Handbuch der Systemgrundlagen beschreibt in exakter und sehr detaillierter Art und Weise sämtliche Abläufe, die beim Betreiben eines Partnerbetriebes des jeweiligen Franchisesystems erforderlich sind, und deren einheitliche Realisierung wesentlich den einheitlichen Charakter des Franchisesystems ausmacht. In der Gesamtheit seiner dokumentierten Abläufe stellt dies das systemspezifische Know-how des Franchisesystems dar. Ist das Systemhandbuch im Wesentlichen inhaltsleer, ist keinerlei Systematik erkennbar. Enthält es lediglich Beschreibungen von Abläufen, wie sie in der jeweiligen Branche allgemein üblich und bekannt sind, so ist dies bereits ein sehr starkes Indiz dafür, dass es insgesamt bei dem jeweiligen Franchisesystem kein wirklich werthaltiges besonderes Know-how gibt, welches beispielsweise die Zahlung von Franchisegebühren rechtfertigen könnte. Auch kartellrechtlich führt das Nichtvorhandensein von Know-how und sogar bereits die fehlende Dokumentierung (im Regelfall eben im Rahmen des Handbuchs) dazu, dass die entsprechende Vereinbarung zwischen dem Franchisegeber und dem Franchisenehmer nicht vom Kartellverbot freigestellt ist, was wiederum zur Gesamtunwirksamkeit des gesamten Franchisevertrages führen kann. Daher ist bei der Dokumentation des Know-hows im Handbuch allerhöchste Sorgfalt anzuwenden. Auch darf nicht davor zurückgeschreckt werden, für die Erstellung des Handbuches erhebliche personelle und finanzielle Ressourcen einzuplanen.

Das Franchisehandbuch ist einerseits in vollem Umfang Bestandteil des Franchisevertrages, als all seine Vorgaben für den Franchisenehmer verbindlich sind, andererseits musst es den entsprechenden Klauseln im Franchisevertrag, die die Änderungsmöglichkeiten des Franchisegebers betreffen, gemessen werden (Variante 2). Somit ist auch gerade an dieser Stelle höchste Sorgfalt bei der Gestaltung des Franchisevertrages geboten.

Da das systemspezifische Know-how auch stets geheimen Charakter hat, sollte ein Franchisegeber das Handbuch erst nach Vertragsunterzeichnung dem Franchisenehmer endgültig überlassen und es nach Vertragsbeendigung wieder herausverlangen. Die in einen Franchisevertrag sowieso vorhandenen Geheimhaltungsklauseln sollten sich entweder ganz konkret auch auf das Handbuch beziehen oder es sollte im Rahmen von Regelungen das Handbuch betreffend nochmals betont werden, so wie hier in Variante 1. Seit 2019 ist es durch das Geschäftsgeheimnisschutzgesetz (GeschGehG), welches aufgrund einer entsprechenden EU-Richtlinie verabschiedet wurde, in deutlich effektiverer Weise möglich, geheimes Know-how gegenüber Dritten zu schützen, und auch gegen Dritte gegebenenfalls rechtlich vorzugehen. Daher ist es umso wichtiger, dass der Franchisegeber ein umfassendes Schutzkonzept hinsichtlich seines Know-hows entwickelt hat (vgl. Variante 1). Dieses Schutzkonzept sollte auch beinhalten, dass Mitarbeitern stets nur diejenigen Inhalte des Handbuchs offenbart werden, die sie für ihren je konkreten Aufgabenbereich benötigen. Da aber des Handbuch trotz seiner Geheimheit den wesentlichen Inhalt und Gehalt des Franchisekonzeptes darstellt, muss ein Franchisenehmer bereits vor Vertragsunterzeichnung die Möglichkeit haben, das Handbuch für eine angemessene Zeit einzusehen, beispielsweise in den Räumlichkeiten des Franchisegebers. Denn schließlich ist das, was das Franchisesystem ausmacht, das, was der Franchisenehmer quasi im Rahmen der Franchiselizenz erwirbt. Aus diesem Grunde sollte sichergestellt werden, dass der Franchisenehmer bei dieser Einsichtnahmemöglichkeit vor Vertragsunterzeichnung keine Möglichkeit hat, Inhalte des Handbuchs in irgendeiner Weise zu kopieren, zu fotografieren oder in anderer Weise auf irgendwelchen technischen Datenträgern mitzunehmen und für systemfremde Zwecke abzugreifen und zu missbrauchen.

Auch wenn sich aus kartellrechtlichen Notwendigkeiten die überprüfbare Dokumentierung des Know-hows als rechtlich nahezu zwingend ergibt, so gibt es dennoch keinerlei Vorschrift darüber, in welcher Form dieses Know-how dokumentiert wird. Hat sich in der Franchisebranche das Handbuch als zentrales Instrument der Know-how-Dokumentation etabliert, so ist es dennoch ohne weiteres möglich, mithilfe anderer Formen das Know-hows zu dokumentieren, beispielsweise in Form verschiedener gesonderter Richtlinien oder Handbücher für verschiedene abgrenzbare Bereiche der Betriebsführung oder im Hinblick auf die zunehmende Digitalisierung in Form von verschiedenen digitalen Tools, die sich zukünftig immer mehr von einem reinen Handbuch, sei es in Papierform oder sei es bereits in elektronischer Form, entfernen. Damit es insoweit nicht zu späteren Auseinandersetzungen zwischen Franchisegeber und Franchisenehmer kommt, sollten die entsprechenden Regelungen im Franchisevertrag ausdrücklich Öffnungsklauseln vorsehen für zukünftige Änderungen in Form von Einführung weiterer Handbücher (Variante 2), oder in Form von völlig anders strukturierten Möglichkeiten, das Know-how in digitaler Form zu dokumentieren und auf die Franchisenehmer zu transferieren. Letzteres geschieht insbesondere in der Klausel „Variante 3".

Variante 1: Franchisehandbuch mit Geheimhaltungsverpflichtung

1. *Das gesamte systemspezifische Know-how, welches zur Führung eines Franchise-Outlets der Marke XYZ erforderlich ist, ist in dem Franchisehandbuch dokumentiert. Dem Franchisenehmer hat das Franchisehandbuch vor Unterzeichnung dieses Franchisevertrages zur Einsichtnahme vorgelegen, endgültig erhält er es überlassen nach Vertragsunterzeichnung. Das Franchisehandbuch verbleibt im Eigentum des Franchisegebers. Es muss vom Franchisenehmer nach Beendigung dieses Vertrages zurückgegeben werden.*
2. *Das Franchisehandbuch ist integrierter Bestandteil dieses Franchisevertrages und kann vom Franchisegeber entsprechend der notwendigen Weiterentwicklung des Franchisesystems angepasst werden.*
3. *Der Franchisegeber behält sich vor, das Franchisehandbuch ausschließlich in digitaler Form über den geschützten Bereich des Intranets seinen Franchisenehmern zur Verfügung zu stellen.*
4. *Der Franchisenehmer verpflichtet sich, das gesamte systemspezifische Know-how, so wie es sich aus dem Franchisehandbuch ergibt und sofern es nicht allgemein bekanntes und zugängliches Wissen betrifft, streng geheim zu halten.*
5. *Der Franchisenehmer hält sich streng an die Vorgaben des Franchisegebers und setzt das von diesem entwickelte Know-how-Schutzkonzept entsprechend um. Er hat insbesondere seinen Mitarbeitern nur die Inhalte des Handbuchs zur Verfügung zu stellen, die für die konkrete Tätigkeit des jeweiligen Mitarbeiters erforderlich sind. Im übrigen hat er aber auch seinen Mitarbeitern eine entsprechende Geheimhaltungsverpflichtung aufzuerlegen.*

Variante 2: Franchisehandbuch mit Vorbehalt bzgl. weiterer Systemhandbücher

1. *Das Franchisehandbuch, welches integrierter Bestandteil des Franchisevertrags ist, enthält das gesamte systemspezifische Know-how für die Umsetzung des Franchisekonzeptes.*
2. *Da der Franchisegeber sowohl berechtigt als auch verpflichtet ist, sein Franchisekonzept stets neuen Entwicklungen und den Marktgegebenheiten anzupassen, behält er sich auch die entsprechende Anpassung des Franchisehandbuchs vor. Das Handbuch ist in seiner jeweils aktuellen Fassung Bestandteil dieses Franchisevertrages. Aus einer zulässigen Änderung des Handbuchs durch den Franchisegeber kann der Franchisenehmer keinerlei zusätzliche Rechte herleiten.*

3. *Die exakte Umsetzung der einzelnen Vorgaben des Franchisehandbuches dient der Qualitätssicherung, der Förderung des Markenimages und der Einheitlichkeit des Markenerlebnisses.*
4. *Der Franchisegeber behält sich vor, weitere Handbücher, beispielsweise bezogen auf IT, auf Personalführung, auf interne Prozesse zwischen Franchisegeber und Franchisenehmer oder auf andere Teilbereiche, die für die Franchisepartnerschaft von Bedeutung sind, einzuführen. Die Regelungen dieses Paragrafen beziehen sich auch auf diese etwaig zusätzlich eingeführten Handbücher.*

Variante 3: Franchisehandbuch mit Vorbehalt bzgl. Digitalisierung

1. *Das Franchisehandbuch, welches dem Franchisenehmer nach Vertragsunterzeichnung zur treuhänderischen Verwendung überlassen wird, enthält das gesamte systemspezifische Know-how des Franchisekonzeptes, insbesondere Vorgaben zur Corporate Identity, genaue Beschreibung der systemtypischen Dienstleistungen, Darstellung aller systemnotwendigen operativen Prozesse, Richtlinien für Buchhaltung, Marketing, Personalführung und Personalauswahl, Hinweise für die Öffentlichkeitsarbeit und vieles mehr.*
2. *Der Franchisegeber ist berechtigt, das Handbuch jederzeit neuen Entwicklungen anzupassen, sofern er die berechtigten Belange des Franchisenehmers berücksichtigt und die Umsetzung der Änderungen den Franchisenehmer nicht unangemessen benachteiligt.*
3. *Aufgrund der zunehmenden Digitalisierung behält sich der Franchisegeber vor, das bereits jetzt in digitaler Form zur Verfügung stehende Franchisehandbuch ganz oder teilweise durch digitale Tools, beispielsweise Erklärvideos, interaktive Prozesse, Frage- und Antwort-Tools zur Überprüfung der Präsenz des System Know-hows, systeminterne Social Media usw. zu ersetzen. Sämtliche Vorgaben dieses Franchisevertrages hinsichtlich des Franchisehandbuchs finden dann entsprechend Anwendung auf die das Handbuch ganz oder in Teilen ersetzenden Tools.*

► Ein Handbuch der Systemgrundlagen ist nicht nur ein Bestandteil des Franchisevertrages, sondern spiegelt auch die Unternehmenskultur des Franchisesystems wider. Diese ergibt sich aus dem Wortlaut, dem Design und in den Verknüpfungen von Systemmodulen, worin Prozesse aus dem Handbuch zum Beispiel mit dem Trainingssystem im Inhalt übereinstimmen. Ein Handbuch dient als Nachschlagewerk und es wird an Akzeptanz und Funktionalität gewinnen, wenn es auch praktikabel und der Zielgruppe entsprechend aufgebaut und geschrieben ist (vgl. Abb. 2.3).

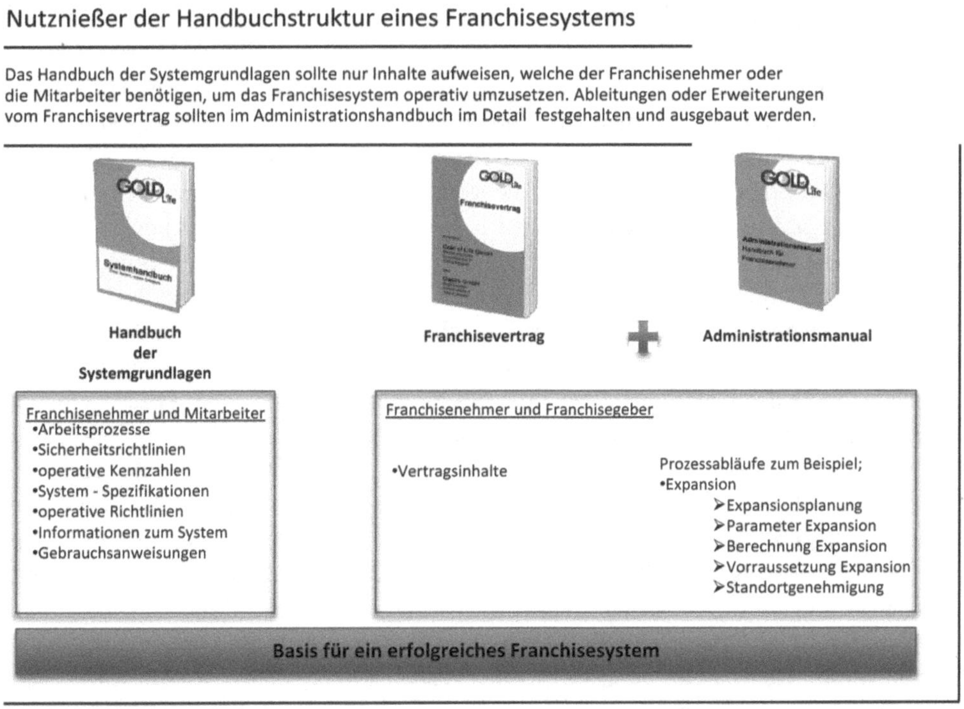

Abb. 2.3 Nutznießer der Handbuchstruktur eines Franchisesystems

Fallstrick

Ein Handbuch der Systemgrundlagen wird extern an eine Agentur in Auftrag gegeben und der Entstehungsprozess wird nicht weiter durch den Franchisegeber begleitet, um das Unternehmen in der Erstellung zu entlasten. In der Praxis ist dies der schlechteste Weg, ein Handbuch der Systemgrundlagen zu erstellen.

Eine externe Agentur sollte die Erstellung eines Handbuches professionell begleiten oder die Darstellung professionell aufarbeiten, jedoch muss der Franchisegeber interne Ressourcen bereitstellen, welche die grundlegende Darstellung des Handbuches, dessen Aufbau und die Art der Kommunikation steuern, da die Inhalte die Unternehmenskultur und somit auch das Franchisesystem enorm beeinflussen. Ein Handbuch der Systemgrundlagen, welches weit weg von der Praxis und dessen Kultur geschrieben wurde, wird nicht den Einsatz durch die Operative erfahren, sodass auch der Systemgedanke des Franchisegebers nur mangelhaft umgesetzt wird.

2.17 Gestaltung Ladenlokal

Auch in einigen anderen Branchen, vor allem aber im Einzelhandel und in der Systemgastronomie, kommt sowohl dem Standort als auch der konkreten Ausgestaltung des Ladenlokals eine nicht hoch genug einzuschätzende Bedeutung zu. Der Standort entscheidet in ganz erheblichem Maße über die Rentabilität des Franchiseunternehmens. Die konkrete Ausgestaltung ist entscheidend dafür, inwieweit die Kunden das konkrete Outlet als zu dem jeweiligen Franchisesystem zugehörig erkennen und inwieweit es geeignet ist, zum positiven Aufbau der Marke beizutragen. Daher werden in der Regel die konkreten Anforderungen an die Ausgestaltung des Ladenlokals, sowohl hinsichtlich der Inneneinrichtung als auch hinsichtlich Rentabilität und Außengestaltung, verbindlich festgelegt und stehen in keiner Weise zur Disposition des Franchisenehmers. Diese Einschränkung der unternehmerischen Selbstständigkeit ist unabdingbar für den Erfolg eines Franchisesystems. Gerade in der Ausgestaltung des Ladenlokals kommt die gesamte Corporate Identity einer Marke am deutlichsten zum Ausdruck, sowohl was das Design (Corporate Design), betrifft als auch hinsichtlich Gesamtcharakter und Atmosphäre. Somit wird in allen Franchiseverträgen, die hier betroffen sind, großer Wert auf die Auswahl des Standortes, auf die Eignung zum Betrieb eines entsprechenden Franchise-Outlets, auf die Inneneinrichtung und auf den dauerhaften Erhalt hinsichtlich optischem Gesamtzustand und Funktionalität gelegt. Wenn nicht bereits der Franchisegeber selbst als Zwischenmieter das Ladenlokal anmietet und dann an den Franchisenehmer entweder untervermietet oder gar fertig eingerichtet verpachtet, ist es Sache des Franchisenehmers, das Ladenlokal nach den exakten Vorgaben des Vertrages und der betreffenden Handbücher zu gestalten. Gerade bei komplizierteren Raumausstattungen empfiehlt sich für den Franchisegeber die Erstellung eines eigenen Raumbuches, welches dann rechtlich ebenfalls wie die sonstigen Systemhandbücher einzuordnen ist. In der Regel werden dabei sowohl die Lieferanten der Einrichtung als auch etwaige Architekten und Handwerker vorgegeben, um auf diesem Wege bereits eine hundertprozentig systemkonforme Gestaltung sicherzustellen. Folgerichtig bedarf auch die Verlegung des Standortes in der Regel immer einer ausdrücklichen Genehmigung des Franchisegebers.

Diese Verweisung des Franchisenehmers auf die Richtlinien des Franchisegebers und auf die Standortgenehmigung bedeuten jedoch im Umkehrschluss nicht, dass dem Franchisenehmer insoweit das unternehmerische Risiko abgenommen würde. Ein Franchisenehmer wird sich in der Regel niemals darauf berufen können, dass sein Unternehmen wegen eines vom Franchisegeber genehmigten nicht ganz optimalen Standortes unrentabel ist. Ausfluss der unternehmerischen Selbstständigkeit ist ebenfalls die Tatsache, dass der Franchisenehmer trotz der genauen oben genannten Vorgaben die Einrichtung des Ladenlokals in eigenem Namen und auf eigene Kosten durchführen bzw. durchführen lassen muss. Aufgrund der steten Fortentwicklung eines jeden Franchisesystems ist es ebenfalls erforderlich, dem Franchisegeber das Recht einzuräumen, in angemessenen Zeitabständen, die den Franchisenehmer nicht unangemessen benachteiligen, ein Remodeling oder einen Relaunch der Marke und des Corporate Design vorzunehmen, was mit neuerlichen Investitionen für den Franchisenehmer verbunden ist. Auch solche Klauseln sind, wenn sie sorgfältig gestaltet werden, wirksam, was an anderer Stelle ausführlicher erläutert wurde.

Variante 1: Genehmigung von Standortwahl und Standortwechsel durch den Franchisegeber

1. *Der Franchisenehmer hat den Standort und das Ladenlokal innerhalb seines Vertragsgebietes vom Franchisegeber genehmigen zu lassen.*
2. *Er muss das Ladenlokal nach den genauen Vorgaben des Franchisegebers, welche sich im Franchisehandbuch wiederfinden, auf eigene Kosten einrichten. Vor der Eröffnung des Ladenlokals hat er die Betriebsgenehmigung des Franchisegebers einzuholen.*
3. *Die Verlegung des Standortes und ein etwaiges neues Ladenlokal hat der Franchisenehmer ebenfalls auf gleiche Weise vom Franchisegeber genehmigen zu lassen.*
4. *Der Franchisenehmer kann gegenüber dem Franchisegeber keine Rechte daraus herleiten, dass ein möglicherweise nicht optimal ausgewählter Standort zu einer mangelnden Rentabilität seines Franchise Unternehmens führt.*

Variante 2: Genaue Vorgaben bezüglich Einrichtung, Lieferanten und sonstigen Dienstleistern

1. *Der Franchisenehmer richtet das Ladenlokal auf eigene Kosten gemäß der Corporate Identity des Franchisesystems nach den genauen Richtlinien, wie sie sich aus den Franchisehandbüchern ergeben, ein.*
2. *Um eine einheitliche Gestaltung und ein einheitliches Markenerlebnis für die Kunden sicherzustellen, ist es erforderlich, dass der Franchisenehmer ausschließlich diejenigen Lieferanten, Architekten und Handwerker beauftragt, die ihm vom Franchisegeber genannt werden.*
3. *In angemessenen zeitlichen Abständen ist der Franchisegeber berechtigt, im Rahmen einer Anpassung des Corporate Designs bzw. der Änderung des Marken- und Farbkonzeptes seines Franchisesystems eine vollständige oder teilweise Neumöblierung und Neuausstattung der Geschäftsräume zu verlangen. Dabei sind die wirtschaftlichen Möglichkeiten und die berechtigten Interessen des Franchisenehmers angemessen zu berücksichtigen.*
4. *Im Übrigen hat der Franchisenehmer sicherzustellen, dass sich die Geschäftsräume stets in einem tadellosen Zustand befinden, sowohl was die Funktionalität der Einrichtung und der Gerätschaften als auch was den optischen Eindruck der Möblierung und der Räumlichkeiten betrifft.*

▶ Der Hinweis im Franchisevertrag auf das Raumbuch oder das Handbuch der Systemgrundlagen für CI-Vorgaben der Ladengestaltung allein ist nicht ausreichend für die Sicherung der Corporate Identity im Ladenlokal. Bei der Baubeschreibung und bei Spezifikationen einzelner Elemente sollte im Vorfeld berücksichtigt werden, dass die regionalen Gegebenheiten oder auch Gesetze das Design und dessen Umsetzung enorm beeinträchtigen können. Deshalb ist in allen Handbüchern, sowohl im Raumbuch als auch im Handbuch der Systemgrundlagen, zu berücksichtigen, dass regionale Besonderheiten oder landesspezifische Gesetzgebung in Einklang mit den Inhalten der Systemgrundlagen stehen.

Fallstrick
Jedes Franchisesystem sollte sich im Vorfeld über die Umsetzung seiner Design- und Markenpolitik Gedanken machen. Manches Design ist sehr schön, aber mancherorts aufgrund religiöser, kultureller oder auch gesetzlicher Gegebenheiten nicht umsetzbar. Auch die Weiterentwicklung der CI und die Verpflichtung zur Beteiligung an Remodelings und an sonstigen Änderungen sollten mitbedacht und im Franchisevertrag verankert werden. Eine Marke muss mit dem Trend und dem Zeitgeist wachsen. Sollte eine Marke auch im Ausland wachsen, sind sicherlich die Kultur, Namensnennung, aber auch die Akzeptanz der Darstellung in allen Facetten zu überprüfen. Allgemeine Designinhalte und Bilder sollten im Vorfeld auf ihre Schutzfähigkeit hin überprüft werden, damit bei einem Verstoß Rechtsansprüche geltend gemacht werden können. In der Beschreibung des Raumbuches ist jedes markenspezifische Designelement in seiner Funktion bzgl. Bestandteilen, Farbe und der Nutzung im System zu beschreiben. Erst dadurch wird das Design, welches ein wesentlicher Bestandteil des Ladenbaus ist, ein entscheidendes Element des Franchisesystems und kann dem Franchisevertrag als Baustein zugeordnet werden.

▶ **Wichtig** Beachten Sie, dass bei der Designentwicklung durch einen externen Dienstleister, alle Rechte, nach Begleichung der Rechnung an Sie, den Auftraggeber übergehen. Um im Nachhinein Streitigkeiten zu vermeiden, sollte dies schon im Angebot klar definiert werden.

2.18 Mietvertrag – Standortsicherung

Es ist das ureigenste Interesse eines Franchisegebers, sich immer mehr Regionen auf dem gesamten potenziellen Markt zu erarbeiten und insbesondere auch bereits bestehende Standorte im Hinblick auf eine Kontinuität und auf den Ausbau der Marke vor Ort und überregional zu sichern.

Bei vielen Franchisesystemen kommt dem konkreten Standort eine überragende Bedeutung zu. Dies betrifft natürlich den Einzelhandel, die Gastronomie, aber auch viele Franchisesysteme im Bereich Dienstleistung und Handwerk.

Sollte sich die Franchisepartnerschaft im konkreten Einzelfall als nicht zukunftsträchtig erweisen, oder sollte der Franchisevertrag aus anderen Gründen irgendwann einmal beendet werden, so müssen Vorkehrungen dafür getroffen worden sein, dass am bisherigen Standort des ausscheidenden Franchisenehmers der Franchisegeber selbst oder ein neuer Franchisenehmer möglichst ohne einen für den Markt und die Kunden spürbaren Bruch das betreffende Geschäft weiterführt. Dreh- und Angelpunkt ist aber die Frage, wer welche Art von Mietvertrag mit wem abgeschlossen hat. Die aufgeführte Variante 3 ist natürlich die sicherste und einfachste, denn durch zwingende Kopplung von Mietvertrag und Franchisevertrag steht das jeweilige Ladenlokal dem Franchisegeber auf jeden Fall dauerhaft zu Verfügung, unabhängig vom Schicksal des Franchisevertrages. Nicht immer jedoch möchte der Franchisegeber selbst Immobilien erwerben oder als Hauptmieter anmieten und nicht immer möchte er das Risiko tragen müssen, dass der Franchisenehmer möglicherweise seine Miete nicht zahlen kann. In diesen Fällen ist dennoch eine Kopplung des Mietvertrages des Franchisenehmers mit dem entsprechenden Vermieter an den Franchisevertrags sicherzustellen. Hierbei ist darauf zu achten, dass die bloße Verpflichtung des Franchisenehmers ohne eine entsprechende Pflicht zur Vorlage und zu Genehmigung des Mietvertrages durch den Franchisegeber häufig darauf hinausläuft, dass der Franchisenehmer trotz Verpflichtung eine entsprechende Klausel in seinen Mietvertrag gerade nicht aufnimmt oder dass die Regelung rechtlich nicht sauber gestaltet wird, sodass es letztendlich doch zu Problemen bei der Fortführung des Standortes kommen kann.

Flankiert werden solche Standortklauseln im Hinblick auf die Standortsicherung von nachvertraglichen Wettbewerbsverboten, Vorkaufsrechten zugunsten des Franchisegebers und Rückgabe- und Löschungsverpflichtungen nach Vertragsbeendigung.

Variante 1: Franchisenehmer ist Mieter, Mietvertrag muss genehmigt werden

Der Mietvertrag für das Ladenlokal, in dem der Franchisebetrieb eingerichtet wird, muss so gestaltet sein, dass der Franchisegeber als Nachfolger in das Mietverhältnis des Franchisenehmers eintreten kann, wenn dieser aus dem Mietverhältnis, gleich aus welchem Grund, ausscheidet. Daher ist der Mietvertrag vor Abschluss vom Franchisegeber zu genehmigen.

Variante 2: Franchisenehmer ist Mieter, Untermietoption für Franchisegeber

1. *Der Mietvertrag muss so gestaltet sein, dass der Franchisegeber berechtigt ist, die Nachfolge im Mietverhältnis anzutreten, wenn der Franchisevertrag endet. Der Mietvertrag muss mindestens die gleiche Laufzeit haben wie der Franchise-*

vertrag. Mietvertrag und während der Laufzeit vereinbarte Änderungen desselben sind unverzüglich dem Franchisegeber vorzulegen bzw. mitzuteilen und werden Bestandteil dieses Franchisevertrages.

2. *Bei Beendigung des Franchisevertrages hat der Franchisegeber oder ein vom Franchisegeber zu benennender Dritter das Recht, das Ladenlokal als Untermieter zu übernehmen. Für diesen Untermietvertrag gelten dieselben Vertragsbedingungen wie für den Hauptmietvertrag. Der Franchisegeber kann den Mietzins direkt an den Hauptvermieter zahlen.*

Variante 3: Franchisegeber ist Eigentümer oder Mieter des Standortes, Franchisenehmer ist Untermieter

Der Mietvertrag mit dem Franchisegeber ist dem Franchisevertrag als Anlage beigefügt. Eine Beendigung des Franchisevertrages führt gleichzeitig zu einer Beendigung des Mietvertrages. Der Franchisenehmer hat das Mietobjekt dann unverzüglich zu räumen und an den Franchisegeber herausgeben. Ein Zurückbehaltungsrecht steht dem Franchisenehmer insoweit nicht zu.

► Der Franchisevertrag selbst kann nicht den Prozess „Abwicklung eines Mietverhältnisses" im Detail dokumentieren. Zu viele Einflüsse und Gegebenheiten in einem Mietvertrag und Untermietvertrag beeinflussen die zukünftige Zusammenarbeit, aber auch die Standortsicherung.

Beispiele für Inhalte, welche in einem Prozess zum Thema Mietvertrag definiert werden sollten:

- Vertragsübergang bei Insolvenz oder Verkauf
- Regelung der Inventarübernahme
- Kopplung des Mietvertrages an den Franchisevertrag
- Unternehmensverkäufe, Nachfolgeregellungen
- Vertragsverlängerung

Die oben genanten Inhalte sollten als Prozess definiert werden. Als Prozess könnte zum Beispiel eine Standortbewertung klar beschrieben werden, da der zukünftige Mietvertrag sich auf die Kennzahlenbewertung aus der Standortbewertung stützt. Diese Prozessbeschreibung beinhaltet die Vorgehensweise der Bewertung, den Kennzahlenbedarf, den Rechnungsweg und die Haftung, somit auch den Genehmigungsprozess durch den Franchisegeber zur Standortsicherung und zum Mietvertragsabschluss.

Fallstrick
Der Franchisevertrag wird aufgelöst, aber der Franchisenehmer behält den Standort, da im Mietvertrag durch eine fehlende Option der Überschreibung auf den Franchisegeber der Standort nicht automatisch übergeht.

Hierdurch ergeben sich viele Nachteile, denn der Franchisegeber verliert einen Standort und Kunden. Eine Expansion mit einem Ersatzstandort ist eventuell aufgrund einer geringen Einwohnerzahl oft nicht möglich. Nicht selten tritt eine Markenschädigung ein, da das Konzept vom Betreiber nach der Vertragsauflösung nicht geändert wird, sondern lediglich der Name und bestimmte Einrichtungsgegenstände abgewandelt werden. Der Kunde merkt oft die Veränderung nicht und wird die Leistung und das Angebot stets mit der Marke verbinden. Bei der Variante 2 sollte überlegt werden, ob der Franchisegeber bei der Beendigung des Mietverhältnisses die Option erhält, die komplette Einrichtung ohne Rückbauverpflichtung zu übernehmen, da dies eine zusätzliche Absicherung ist, dass der Standort nicht unter anderem Namen mit leicht geändertem Design weiterbetrieben wird.

▶ **Tipp** **Mehr im Detail:**
Mietvertrag – Standortsicherung
Im Fachbuch „Praxisleitfaden Franchising – Strategien und Werkzeuge für Franchisegeber und -nehmer"
Riedl, Hermann|**Schwenken,** Christian
Springer Gabler Verlag
ISBN 978-3-658-04696-5

2.19 Versicherungsschutz des Franchisenehmers

Der Franchisenehmer ist selbstständiger Unternehmer und muss daher sein Unternehmen nach den Grundsätzen eines ordentlichen Kaufmanns verantwortungsbewusst führen. Dazu gehört natürlich auch eine bezüglich der konkreten Branche angemessene und ausreichende Absicherung aller relevanten Risiken. In den meisten Franchiseverträgen wird dies im Rahmen einer entsprechenden Klausel thematisiert. Da es sich jedoch beim Abschluss von Versicherungsverträgen um teils sehr persönliche Entscheidungen handelt, ist es rechtlich äußerst problematisch, den Franchisenehmer zu ganz konkreten Vertragsabschlüssen zu verpflichten. Während es noch unproblematisch sein dürfte, dem Franchisenehmer den Abschluss bestimmter Arten von Versicherungsverträgen je nach den Notwendigkeiten des jeweiligen Geschäftskonzepts vorzuschreiben, möglicherweise auch einschließlich der Vorgabe bestimmter Mindestdeckungssummen, so dürfte jede darüber hinausgehende Einschränkung der Selbstständigkeit des Franchisenehmers rechtlich bedenklich sein. Obergerichtliche Entscheidungen zu dieser Thematik gibt es bisher nicht. Dennoch dürften einige bzw. einige Teile der im Folgenden genannten Beispielklauseln wohl eher unwirksam sein. Insbesondere die Vorgabe eines ganz konkreten Versicherungsunternehmens greift zu sehr in die Autonomie des Franchisenehmers ein, ebenso wohl das Recht des Franchisegebers, im Falle eines defizitären Versicherungsschutzes eigenmächtig für den Franchisenehmer Versicherungsverträge abschließen zu können. Gerade bei dieser Thematik gilt für den Inhalt im Franchisevertrag der Grundsatz „Weniger ist mehr". Die grundsätzliche Verpflichtung des Franchisenehmers, für ausreichenden Versicherungsschutz zu sorgen, sollte nicht dadurch gefährdet werden, dass zu starke Beschränkungen die ganze Klausel obsolet machen. Allerdings ist es schon notwendig, den konkret geforderten Versicherungsschutz möglichst genau zu beschreiben, damit die Klausel nicht als intransparent eingestuft wird, und eine rechtliche Durchsetzung der Verpflichtung des Franchisenehmers daran scheitert.

Äußerst sinnvoll ist es, dass die meisten Franchisegeber für ihr System Rahmenverträge mit bestimmten Versicherern abschließen. Denn hierbei können dann nicht nur günstige Konditionen ausgehandelt werden, sondern es kann in einem intensiven Prozess der optimal passende und notwendige Versicherungsschutz für das konkrete Geschäftskonzept gemeinsam von Franchisegeber und Versicherungsunternehmen erarbeitet werden. Dem Franchisenehmer kann in solchen Fällen in der Regel nur angeraten werden, dann auch tatsächlich die Vorteile eines solchen Rahmenvertrags zu nutzen.

Variante 1: Dem Franchisenehmer wird angeraten, für umfassenden Versicherungsschutz zu sorgen

1. *Dem Franchisenehmer wird dringend angeraten, für adäquaten und umfassenden Versicherungsschutz seines Unternehmens zu sorgen, beispielsweise durch Abschluss einer Betriebshaftpflichtversicherung, einer Vermögensschadenshaftpflichtversicherung, einer Betriebsunterbrechungsversicherung und sonstiger Sachversicherungen.*
2. *Der Franchisegeber hat mit einem großen Versicherungsunternehmen in Anbetracht seines Franchisesystems eine Rahmenvereinbarung abgeschlossen, sodass allen Franchisenehmern auf die konkreten Bedürfnisse des Franchisesystems angepasste und von ihren Konditionen her vergünstigte Versicherungsverträge angeboten werden können. Dem Franchisenehmer steht es jedoch frei, seinen Versicherungsschutz durch ein anderes Unternehmen zu gewährleisten.*
3. *Dem Franchisenehmer wird weiter empfohlen, sich als selbstständiger Unternehmer persönlich gegen Krankheit, Berufsunfähigkeit und hinsichtlich der Altersvorsorge abzusichern.*

Variante 2: Verpflichtung zu bestimmtem Versicherungsschutz

1. *Der Franchisenehmer ist verpflichtet, folgende Versicherungen mit den jeweils angegebenen Mindestdeckungssummen abzuschließen und während der gesamten Dauer dieses Franchisevertrages aufrechtzuerhalten: Betriebshaftpflichtversicherung (... Euro), Betriebsunterbrechungsversicherung (... Euro), Berufshaftpflichtversicherung (... Euro), Gebäudeversicherung (... Euro).*
2. *Zu Beginn des Vertragsverhältnisses hat der Franchisenehmer den Abschluss der genannten Versicherungen dem Franchisegeber unaufgefordert nachzuweisen, während der Vertragsdauer hat er jederzeit auf Anforderung einen entsprechenden Nachweis zu erbringen.*

Variante 3: Verpflichtung zur Wahl eines bestimmten Versicherungsunternehmens

1. *Der Franchisenehmer ist verpflichtet, für einen hinreichenden und dem konkreten Franchisesystem angepassten Versicherungsschutz durch Abschluss entsprechender Versicherungsverträge bei der N.N.-Versicherung zu sorgen.*
2. *Auf Anfrage des Franchisegebers ist er zum Nachweis der entsprechenden Versicherungen verpflichtet. Ebenfalls ist er verpflichtet, dem Versicherer zu gestatten, dem Franchisegeber gegenüber entsprechende Auskünfte zu erteilen.*

Variante 4: Mitversicherung des Franchisegebers

1. *Der Franchisenehmer ist verpflichtet, für einen angemessenen und adäquaten Versicherungsschutz während der gesamten Dauer dieses Franchisevertrages Sorge zu tragen.*
2. *Soweit durch den Betrieb des Franchisenehmers auch Rechtsgüter des Franchisegebers geschädigt werden können, ist der Franchisenehmer verpflichtet, den Franchisegeber als weitere versicherte Person mit zu versichern.*
3. *Kommt der Franchisenehmer seiner Verpflichtung zur angemessenen Versicherung aller relevanten Risiken nicht nach, so ist der Franchisegeber berechtigt, auf Kosten des Franchisenehmers entsprechende Verträge abzuschließen.*

▶ **Tipp** Der Franchisegeber sollte dem Franchisenehmer einen bestimmten Versicherungsschutz empfehlen, angepasst an das Franchisesystem. Jedoch sollte dies bzgl. Leistung oder Versicherungsunternehmen nicht verpflichtend sein. Als Hilfestellung kann auch eine Mindestanforderung von Versicherungsleistungen dienen.

Je nach Konzept und unterschiedlichen Rahmenbedingungen empfiehlt es sich, den Franchisenehmer mit einer Regelung im Franchisevertrag zu binden. Einzelheiten zu den Inhalten sollten im Administrationsmanual festgehalten werden.

2.20 Vertragsprodukte

Das konkrete Abstecken des zu verkaufenden Warensortiments ist insbesondere im Einzelhandel und in der Systemgastronomie von zentraler Bedeutung. Gerade die verkauften Produkte machen die Einheitlichkeit und das nach außen in Erscheinung tretende Markenimage des Franchisesystems aus. Daher ist es nicht nur typisch, sondern geradezu notwendig, dass alle Franchisebetriebe mit einem einheitlichen Warensortiment auftreten. Um den möglicherweise leicht unterschiedlichen Voraussetzungen und Anforderungen und insbesondere auch unterschiedlichen Größen der verschiedenen Franchise-Outlets Rechnung zu tragen, werden die Vertragsprodukte gelegentlich aufgeteilt in ein Kernsortiment, welches jeder Franchisenehmer zu bevorraten verpflichtet ist, und in Randsortimente, deren Vertrieb in das mehr oder weniger freie Ermessen der Franchisenehmer gestellt wird. Gerade hinsichtlich des Warensortiments ist auf jeden Fall ein sogenannter Änderungsvorbehalt notwendig, da der Franchisegeber natürlich in der Lage sein muss, neue Produkte auf den Markt zu bringen und sein bestehendes Warensortiment den veränderten Marktbedingungen und Kundenwünschen anzupassen. Gerade wenn es im Einzelhandel um den Vertrieb der vom Franchisegeber selbst hergestellten Produkte geht, ist eine hundertprozentige Bezugsbindung an den Franchisegeber zwingend notwendig (Variante 1). Aber auch in anderen Fällen, beispielsweise in der Systemgastronomie, machen es die erforderlichen Qualitätsbestimmungen, die Qualitätssicherung und das angestrebte identische Geschmackserlebnis notwendig, dass für die wesentlichen Produkte ganz bestimmte vom Franchisegeber zugelassene Lieferanten vorgegeben werden. Wenn der Franchisegeber einerseits Lieferanten vorschreibt, andererseits aber sich selbst und den Franchisenehmer dadurch auch in ein Abhängigkeitsverhältnis begibt, ist es wichtig, einen entsprechenden Haftungsausschluss für den Fall von Lieferschwierigkeiten vorzusehen (Variante 3). Dass sich in solchen Fällen der Franchisegeber nach besten Kräften um Lösungen bemühen muss, ergibt sich bereits aus der Struktur einer Franchisepartnerschaft. Inwieweit eine hundertprozentige Bezugsbindung aus kartellrechtlichen Gründen problematisch ist, wird an anderer Stelle, im Zusammenhang mit Klauseln hinsichtlich sogenannter Diversifikationsprodukte, näher erörtert.

Auch wenn es die typische Funktion eines Franchisehandbuchs ist, detailliertere Richtlinien hinsichtlich der konkreten Handhabung der Produkte, der Präsentation usw. vorzugeben, empfiehlt sich dennoch an dieser Stelle ein entsprechender Verweis auf das Handbuch, welches ja sowieso von Natur her einem generellen und fortwährenden Änderungsvorbehalt unterliegt. Soweit der Franchisenehmer die Vertragsprodukte direkt beim

Franchisegeber erwirbt und erwerben muss, ist klarzustellen, dass unmittelbare rechtliche Grundlage dieses Erwerbs nicht der Franchisevertrag, sondern jeweils einzeln abzuschließende Kaufverträge sind. Daher müssen die konkreten Einkaufspreise niemals vorab festgelegt werden, sondern im Rahmen der zwischen Franchisegeber und Franchisenehmer bestehenden Verkäufer-Käufer-Beziehung ausgehandelt oder entsprechenden vom Franchisegeber ausgehändigten Preislisten entnommen werden.

Variante 1: Vertrieb von Vertragsprodukten

1. *Wesentlicher Zweck dieses Franchisevertrages für den Franchisegeber ist unter anderem der Vertrieb der sogenannten Vertragsprodukte, deren aktueller Bestand sich aus Anlage [...] dieses Franchisevertrages ergibt.*
2. *Der Franchisegeber ist berechtigt, im Rahmen einer Fortentwicklung und Modernisierung seines Sortiments den Bestand und den Umfang der Vertragsprodukte anzupassen und zu ändern, insbesondere Produkte zu streichen und neue Produkte hinzuzufügen. Hierbei hat er die Interessen des Franchisenehmers angemessen zu berücksichtigen und darauf zu achten, dass sich der grundlegende Charakter des Franchisesystems nicht verändert.*
3. *Die Vertragsprodukte hat der Franchisenehmer grundsätzlich vom Franchisegeber zu beziehen. Bezüglich des Bezugs der Vertragsprodukte gelten die Allgemeinen Lieferbedingungen und die Preisliste des Franchisegebers in ihrer jeweils aktuellen Fassung.*

Variante 2: Kernsortiment und variables Randsortiment

1. *Die vertragsgegenständlichen Produkte werden Vertragsprodukte genannt. Sie teilen sich auf in ein sogenanntes Kernsortiment und in ein Randsortiment. Die Produkte des Kernsortimentes muss der Franchisenehmer stets bevorraten und anbieten. Bezüglich der Produkte des Randsortiments steht es dem Franchisenehmer frei, nach eigenem Ermessen darüber zu entscheiden, inwieweit er diese Produkte ebenfalls in seinem Sortiment bereithält.*
2. *Hinsichtlich aller vom Franchisenehmer angebotenen Produkte hat dieser sicherzustellen, dass stets ausreichende Vorräte vorhanden sind, und Kunden im Rahmen der Anforderung handelsüblicher Stückzahlen stets und kurzfristig bedient werden können. Hinsichtlich der Vorratshaltung und der Präsentation der Vertragsprodukte sind die sich aus dem Franchisehandbuch ergebenden Lagerungs-, Sicherheits- und Präsentationsrichtlinien einzuhalten.*

Variante 3: Lieferantenbindung – ohne Haftung für Lieferengpässe

1. *Die vom Franchisegeber festgelegten und zu vertreibenden Produkte werden Vertragsprodukte genannt. Der Franchisenehmer hat die Vertragsprodukte von den vom Franchisegeber festgelegten Lieferanten zu beziehen.*
2. *Der Franchisegeber übernimmt keine Haftung für den Fall, dass es bei einem seiner Lieferanten zu Lieferengpässen kommt, jedoch wird er sich nach Kräften bemühen, kurzfristig einen Ersatzlieferanten zu benennen, um eine umgehende Belieferung des Franchisenehmers zu erreichen.*

► Wichtig ist immer, dass bei einer vertraglichen Bindung an Vertragsprodukte, aber auch an Vertragslieferanten ein Systemprozess im Admnistrationsmanual für neue Lieferanten deklariert wird. Sollte ein Franchisenehmer einen neuen Lieferanten einbringen wollen, muss dieser sich an den vorgegebenen Zertifizierungsprozess halten.

Fallstrick

Jedes Franchisesystem möchte selbstverständlich, dass nur die Produkte verkauft werden, welche auch die geforderte Qualität, aber auch Qualitässicherheit aufweisen. Dies sicherzustellen, erfordert einen sehr großen Aufwand, nicht nur in den Vertragsverhandlungen, wo Liefervereinbarungen, Verpackungseinheiten und Konditionen eine große Rolle spielen, sondern auch bei der fortlaufenden Qualitätskontrolle und bei Maßnahmen zur Qualitätssicherung des Franchisesystems. Dies kostet Geld und diese Kosten werden in den meisten Fällen auf den Verkaufspreis der Produkte aufgeschlagen. Diesbezüglich kommt es zu Diskussionen zwischen Franchisenehmern und Franchisegebern bzgl. der Preise eines Konkurenzproduktes von einem anderen Lieferanten. Sofern der Franchisegeber keinen Zeritfizierungsprozess für neue Lieferanten im Administrationsmanual definiert hat, entziehen sich Franchisenehmer dem Bezug der Vertragsprodukte und kaufen bei einem externen Lieferanten passgenaue Produkte zu einem günstigeren Preis ein. Unternehmerisch gesehen ist dies im Hinblick auf die Rentabilität eine normale Reaktion eines Kaufmannes. Im System entstehen dadurch Einbußen in finanzieller Sicht, welche maßgeblich die Qualitätssicherung beeinflussen. Auch die Sicherheit in der Qualitätssicherung entfällt.

Der Franchisegeber sollte meist auf die Lieferentenbindung und auf das Vertragsprodukt bestehen, denn das Risiko ist hoch, wenn Franchisenehmer Lieferanten vorschlagen, welche zu besseren Bedingungen liefern, dem Franchisenehmer Kosten einsparen, es aber keinerlei Qualitätssicherung seitens des Lieferanten und des

Franchisegebers gibt. Wenn hier kein klarer Zertifizierungsprozess mit einer Haftungsübernahme durch den Franchisenhmer bei Verstoß bzw. beim Erwerb von nicht genehmigten Produkten vorhanden ist, entwickelt sich im System eine wilde Ansammlung von unterschiedlichen Zukäufen, welche für den Franchisegeber nicht mehr kontrollierbar ist. Sollte ein Schaden auftreten, der die Öffentlichkeit bewegt, wird dies sicher in der Presse abgearbeitet, aber nicht auf den Standort bezogen, sondern die Marke steht im Fokus und somit betrifft es alle Franchisenehmer.

▶ **Tipp Mehr im Detail:**
Vertragsprodukte-Qualitätssicherung- Lieferantenbindung
Im Fachbuch: „Praxisleitfaden Franchising – Strategien und Werkzeuge für Franchisegeber und -nehmer"
Riedl, Hermann|**Schwenken,** Christian
Springer Gabler Verlag
ISBN 978-3-658-04696-5

2.21 Diversifikationsprodukte

Der einheitliche Auftritt aller Standorte eines Franchisesystems gebietet es, dass überall die gleichen Produkte bzw. Dienstleistungen in gleicher Qualität und in gleichem Erscheinungsbild angeboten werden. Dennoch ist eine solche hundertprozentige Verpflichtung ausschließlich auf die Vertragsprodukte (wie in Variante 1) in der Regel rechtlich äußerst problematisch. Insbesondere aus kartellrechtlichen Gründen ist es meist erforderlich, dem Franchisenehmer zu gestatten, zumindest 20 % seines Umsatzes oder seines Einkaufsvolumens mit sogenannten Diversifikationsprodukten zu bestreiten. Auch aus AGB-rechtlichen Gründen und unter Berücksichtigung der unternehmerischen Selbstständigkeit des Franchisenehmers ist dies in der Regel geboten.

Eine hundertprozentige Bezugsbindung kann in Einzelfällen unter anderem dann in Betracht kommen, wenn die Vertragsdauer des Franchisevertrages fünf Jahre nicht überschreitet, wenn der Vertrieb der vom Franchisegeber selbst hergestellten Produkte gerade den wesentlichen Geschäftsgegenstand des Franchisesystems bildet oder wenn der Franchisenehmer in vom Franchisegeber gemieteten Räumlichkeiten tätig ist.

Hinsichtlich der konkreten Gestaltung der Einführung von Diversifikationsprodukten im gesetzlich notwendigen Rahmen empfiehlt es sich, entgegen der weit gefassten und damit streitträchtigen Variante 2 klare Regeln für die Einführung solcher Produkte festzulegen. Um den Gesamtcharakter des Franchisesystems nicht infrage zu stellen, dürfte es bei den meisten Systemen zwingend notwendig sein, dass sich der Franchisegeber die Genehmigung der Produkte vorbehält. Um das Recht des Franchisenehmers, Diversifikationsprodukte zu führen, jedoch nicht auszuhöhlen, darf ein Franchisegeber eine solche Genehmigung nicht willkürlich verweigern, sondern nur dann, wenn die Gefahr besteht, dass die konkreten Produkte nicht in das Franchisekonzept passen. Daher empfiehlt sich, um eine AGB-rechtliche Wirksamkeit der gesamten Klausel sicherzustellen, auch die Aufnahme einer entsprechenden Formulierung.

Grundsätzlich kann der Franchisegeber den Umgang mit den Diversifikationsprodukten auch weiter modifizieren, wie beispielsweise hier in Variante 3 hinsichtlich des Umfangs der Warenpräsentation. Solche näheren Modifizierungen dürften so lange rechtlich unbedenklich sein, wie sie das entsprechende Recht des Franchisenehmers nicht faktisch erheblich behindern oder einschränken.

Variante 1: Hundertprozentige Bezugsbindung
Der Franchisenehmer darf in seinem Sortiment ausschließlich die vom Franchisegeber vorgegebenen Produkte führen.

Variante 2: Unbestimmte Öffnung für Diversifikationsprodukte
Der Franchisenehmer ist in begrenztem Umfang berechtigt, neben den Vertragsprodukten weitere Produkte zum Verkauf anzubieten, sofern der Umsatz und die Präsentation der Vertragsprodukte dadurch nicht behindert oder eingeschränkt werden und sofern dies den Gesamtcharakter des Franchisenehmer-Outlets als Systembetrieb im Rahmen des Franchisesystems des Franchisegebers nicht wesentlich verändert oder beeinträchtigt.

Variante 3: Begrenzte Erlaubnis für Diversifikationsprodukte
1. *Der Franchisenehmer ist berechtigt, neben den Vertragsprodukten weitere in das Gesamtkonzept des Franchisesystems passende Produkte zu verkaufen, sofern im Jahresdurchschnitt mit diesen sogenannten Diversifikationsprodukten nicht mehr als 20 % des Gesamtumsatzes generiert werden.*
2. *Es dürfen höchstens zehn Prozent der gesamten Präsentationsfläche mit Diversifikationsprodukten bestückt werden.*
3. *Vor Einführung dieser Produkte hat der Franchisenehmer sie dem Franchisegeber zur Genehmigung vorzulegen. Der Franchisegeber wird seine Genehmigung, die er im Übrigen jederzeit aus begründetem Anlass zurücknehmen kann, in der Regel jedoch nicht verweigern, wenn die Produkte sich ohne Weiteres in den Gesamtcharakter des Franchisesystems einfügen und hinsichtlich Ausstattung, Darbietung, und Funktionalität der Corporate Identity des Franchisesystems entsprechen.*

► Basierend auf der Corporate Identity sollte jedes Franchisesystem im Administrationsmanual eine Auflistung der Systemprodukte erstellen, diese fängt bei der Einrichtung und bei Gerätschaften an, welche sich in einem Raumbuch wiederfinden sollten. Auch IT-technische Anforderungen werden in einem Lastenheft dokumentiert. Kernsortiment und variable Produkte sollten definiert werden. Es bietet sich immer an, in der Auflistung schon die Möglichkeit der Variabilität mit einzubauen.

2.22 Online-Vertrieb von Waren und Dienstleistungen

Im Zuge der umfassenden Digitalisierung des Warenvertriebs stellt sich früher oder später in jedem Franchisesystem die Frage, in welchem Verhältnis ein Vertrieb über das Internet durch den Franchisegeber in Konkurrenz zum Geschäft der Franchisenehmers steht. Das Internet lässt sich nicht lokal begrenzen. Eindeutige Rechtsprechung gibt es noch nicht. Wohl aber zeigen einige Entscheidungen, unter anderem auch eines Oberlandesgerichts, eindeutig in die Richtung, dass es Franchisenehmer in der Regel hinnehmen müssen, wenn der Franchisegeber einen Onlineshop einrichtet und damit auch gewollt oder ungewollt auf die potenziellen Kunden im Vertragsgebiet des Franchisenehmers zugreift. Da diese Fragen aber noch nicht endgültig höchstrichterlich geklärt sind, empfiehlt sich eine klare Regelung im Franchisevertrag, die, zumindest wenn sie so wie hier in Variante 1 erfolgt, auf jeden Fall wirksam sein dürfte. Hierdurch wird nämlich dem Franchisenehmer von vornherein klar, dass sein gewährter Gebietsschutz durch den Online-Vertrieb eine gewisse Einschränkung erfährt oder zu einem späteren Zeitpunkt erfahren kann.

Völlig unproblematisch dürfte die Rechtslage sein, wenn ein solcher Onlineshop bereits zum Zeitpunkt der Vertragsunterzeichnung existiert und dies dem neuen Franchisenehmer auch bekannt ist. Dann dürfte es nicht unbedingt einer entsprechenden Regelung im Franchisevertrag bedürfen.

Im Sinne der Franchisenehmerzufriedenheit bietet es sich jedoch auch an, als Franchisegeber zwar einen Onlineshop zu betreiben, die Franchisenehmer jedoch an den entsprechenden Umsätzen bzw. Gewinnen partizipieren zu lassen. Das kann auf verschiedene Art und Weise geschehen. Entweder können die Umsätze nach einem pauschalen aber praktikablen Schlüssel verteilt werden (Variante 2), sie können unmittelbar durch Postleitzahlenerkennung den einzelnen Franchisenehmern zugeordnet werden, oder aber der Onlineshop wird so gestaltet, dass er letztlich die Kundenbestellungen nur an die jeweils zuständigen Franchisenehmer weiterleitet (Variante 3). Bei dieser letzten Variante jedoch ist zu beachten, dass es in Franchisesystemen aus kartellrechtlichen Gründen ein Verbot der Preisbindung gibt. Es muss also in irgendeiner Weise faktisch und technisch sichergestellt werden, dass trotz einheitlicher Online-Plattform der jeweilige Franchisenehmer den Verkaufspreis selbst festlegen darf.

Gerade diese letzte Variante bietet sich auch an, um zu verhindern, dass zusätzlich zu dem Onlineshop des Franchisegebers auch viele einzelne Franchisenehmer ihrer eigenen Onlineshops betreiben. Denn kartellrechtlich ist es auf jeden Fall nicht zulässig, einem Franchisenehmer als selbstständigem Unternehmer den Internetvertrieb zu untersagen (daher auch die entsprechende Regelung in Variante 1). Bevor es dann aber verschiedenste Onlineshops, die ja alle nebeneinander von überall her erreichbar wären, gibt, könnte eine gemeinsame Plattform zur Vermittlung der Bestellvorgänge eine solche, möglicherweise markenschädliche Vielfalt von Onlineshops vermeiden helfen.

Anzumerken ist in diesem Zusammenhang noch, dass einem Franchisenehmer zwar der Internetvertrieb nicht vollständig untersagt werden darf. Dieser kann jedoch an bestimmte Bedingungen geknüpft werden, die im Interesse einer adäquaten und der Werthaltigkeit der entsprechenden Produkte angemessenen Anpreisung notwendig sind, oder die der Einheitlichkeit des Markenauftritts dienen.

Variante 1: Onlinevertrieb durch den Franchisegeber

Der Franchisegeber behält sich vor, die vertragsgegenständlichen Waren selbst flächendeckend über einen eigenen Onlineshop oder über andere Verkaufsplattformen im Internet (zum Beispiel Amazon, eBay) zu vertreiben. Das Recht des Franchisenehmers, ebenfalls die Vertragsprodukte über das Internet zu vertreiben, bleibt davon unberührt.

Variante 2: Onlineshop mit Gewinnbeteiligung der Franchisenehmer

Der Franchisegeber behält sich die Einrichtung eines Onlineshops bezüglich der systemtypischen Produkte vor. Die dabei erwirtschafteten Gewinne werden nach einem mit dem Franchisenehmerbeirat zu vereinbarenden Verfahren und gemäß einem die Interessen der Franchisenehmer berücksichtigenden Schlüssel auf alle Franchisenehmer und den Franchisegeber verteilt.

Variante 3: Zentrale Onlineplattform

Der Franchisegeber betreibt einen zentralen Onlineshop und vermittelt die eingehenden Bestellungen an die gemäß den jeweils vergebenen Vertragsgebieten zuständigen Franchisenehmer zur weiteren Bearbeitung und Abwicklung der Bestellung. Von dem vereinnahmten Kaufpreis behält der Franchisegeber eine Online-Provision in Höhe von zehn Prozent ein.

▶ **Tipp** Auch wenn noch keine gefestigte Rechtsprechung zu dem Thema existiert, sollte der Franchisegeber in seinem Administrationsmanual durch eine eindeutige Prozessstruktur Streitigkeiten und unnötigen Diskussionen vorbeugen.

Der Franchisegeber kann in einem Franchisevertrag die grobe Richtung der Gewinnverteilung vorgeben, aber der klare Ablauf kann sich nur aus einer detaillierten Prozessbeschreibung ergeben.

Sollte eine außenstehende Gesellschaft zur Verteilung der Online-Einnahmen und der Verwaltung des Onlineportals gegründet werden, ist dies gesondert im Franchisevertrag zu berücksichtigen.

Beispiele für Inhalte zum Onlineshop der Franchisenehmer im Administrationsmanual

- Gestaltung und Design des Onlineshops, Programmierung und Aufbau des Onlineshops, Analysetools zur Zugriffsbestimmung, Präsentation und Darstellung der Produkte, Art des Shopsystems, Verteilerschlüssel, Haftungsregelung, Logistik und Verteilungsstruktur.
- Wie sie der Aufzählung entnehmen können, sind es viele Inhalte, die einen Onlineshop betreffen können. Wenn diese ausgearbeitet als Bestandteil des Franchisevertrages oder des Adminstrationsmanuals die Spielregeln der Zusammenarbeit aufzeigen, sind breits im Vorfeld schon viele Diskussionsfelder eingeschränkt. ◀

▶ **Tipp** **Mehr im Detail:**

Gründung einer Marketing-Verwaltungsgesellschaft und deren Mechaniken und Vertragsinhalte

Im Fachbuch: „Praxisleitfaden Franchising – Strategien und Werkzeuge für Franchisegeber und -nehmer“

Riedl, Hermann|**Schwenken,** Christian

Springer Gabler Verlag

ISBN 978-3-658-04696-5

2.23 Preisgestaltung durch den Franchisenehmer

Immer wieder entsteht der Eindruck, dass auch Franchisesysteme mit einheitlichen Preisen flächendeckend den Markt bearbeiten, insbesondere im Einzelhandel oder in der Systemgastronomie. Dem aufmerksamen Beobachter wird jedoch auffallen, dass dies keineswegs ausnahmslos zutrifft, vielmehr entwickelt sich eine annähernd gleiche Preisgestaltung der meisten Franchisenehmer anhand einer rein faktischen, vielen Franchisesystemen innewohnenden Dynamik und anhand objektiver wirtschaftlich sinnvoller Kalkulationen, von denen dann nicht abgewichen wird. Ganz klar ist jedoch festzuhalten, dass ein Franchisenehmer in der Gestaltung seiner Endkundenpreise stets frei bleiben muss, sowohl im Dienstleistungsbereich als auch beim Verkauf von Waren. Würde nämlich der Franchisegeber den Franchisenehmern die Endkundenpreise vorschreiben, so beinhaltete der betreffende Franchisevertrag eine kartellrechtlich unzulässige Preisabsprache zwischen zwei selbstständigen Unternehmen. Von diesem grundsätzlichen Verbot der Preisbindung in Franchisevereinbarungen gibt es jedoch einige rechtlich zulässige Ausnahmen, die sich im Wesentlichen aus der sogenannten EU-Gruppenfreistellungsverordnung (Vertikal-GVO) ergeben. Zum einen darf der Franchisegeber seinen Franchisenehmern für sämtliche Produkte Höchstpreise vorgeben, zum anderen darf er anlässlich spezieller Verkaufsförderungsaktionen und anlässlich der Einführung neuer Produkte für einen kurzen, vorübergehenden Zeitraum die Preise für einzelne Produkte verbindlich festlegen. Will sich ein Franchisegeber solche Vorgaben zumindest vorbehalten, so sollte dies im Franchisevertrag bereits ausdrücklich geregelt werden, wie teilweise in den Varianten 2 und 3.

Des Weiteren ist der Franchisegeber berechtigt, Kalkulationshilfen und Preisempfehlungen auszusprechen. Wichtig dabei ist jedoch, dass diese Empfehlungen stets das bleiben, was sie zu sein vorgeben, nämlich bloße Empfehlungen. Sobald die Empfehlungen in irgendeiner Weise so gestaltet werden, dass dem Franchisenehmer nicht viel anderes übrig bleibt, als diese zu beachten, handelt es sich bereits um verbotene Preisabsprachen. Dabei ist nicht nur der konkrete Wortlaut der Vertragsgestaltung zu beachten, sondern auch die gelebte Vertragsrealität. Gelegentlich versuchen unseriöse Franchisegeber in irgendeiner Weise auf Franchisenehmer Druck auszuüben, die gegebenen Preisempfehlungen zu beachten, bis hin zur Androhung von Liefersperren. Solches Verhalten, wird es öffentlich, kann ohne Weiteres die Kartellbehörden auf den Plan rufen. Abgesehen davon ist der Franchisenehmer natürlich nicht verpflichtet, sich auf solches Verhalten einzulassen, sodass er sich dagegen rechtlich zur Wehr setzen kann. Unter diesem Aspekt ist auch die Formulierung in Variante 1, die sich so oder ähnlich in vielen Franchiseverträgen wiederfindet, äußerst bedenklich. Wenn der Franchisenehmer ausdrücklich verpflichtet wird, unverbindliche Preisempfehlungen zu beachten, so kann dies einerseits bedeuten, dass er sie als Empfehlungen beachten soll. Der Wortlaut könnte aber auch so verstanden werden, dass er die Empfehlungen 1:1 umzusetzen hat. Da es sich bei solchen Klauseln, die gegen das Preisbindungsverbot des Kartellrechts verstoßen, um sogenannte schwarze Klauseln handelt, können diese im Extremfall die Unwirksamkeit des gesamten Franchisevertrages zur Folge haben. Es ist von Franchisegeberseite bei der Formulierung also äußerste Vorsicht geboten. Problematisch könnte da auch bereits die Regelung in Variante 2, Absatz 2, werden. Hier wird es darauf ankommen, mit wie viel Aufwand und mit wie vielen negativen Folgen die theoretisch mögliche Vornahme von Preisänderungen im Kassensystem durch den Franchisenehmer verbunden ist.

Abschließend findet sich in Variante 3 eine Regelung hinsichtlich der überregionalen Werbung. Bei vielen Franchisesystemen im Einzelhandel ist es üblich, dass Teile des Sortiments in Zeitungsbeilagen, aktuellen Flyern oder auch im Internet überregional beworben werden. Da Werbung meist nur sinnvoll ist, wenn auch Preise angegeben werden, muss der Franchisegeber eine entsprechende Lösung finden, die nicht wieder in die Nähe einer verbotenen Preisbindung führt. Daher werden in solchen Publikationen die entsprechenden Preise in der Regel ausdrücklich als unverbindliche Preisempfehlungen gekennzeichnet.

Variante 1: Keine Preisbindung, aber Preisempfehlungen
Der Franchisenehmer ist in der Gestaltung der Endkundenpreise frei. Der Franchisegeber ist jedoch berechtigt, für die Vertragsprodukte unverbindliche Preisempfehlungen zu geben, die der Franchisenehmer beachten wird.

Variante 2: Eingabe von Preisempfehlungen in das Kassensystem
1. *Der Franchisenehmer kann die Endkundenpreise frei gestalten.*
2. *Der Franchisegeber stellt dem Franchisenehmer lediglich Kalkulationshilfen zur Verfügung, die eine wirtschaftlich sinnvolle Preisgestaltung widerspiegeln. Die aufgrund dieser Kalkulationshilfen empfohlenen Endkundenpreise werden vom Franchisegeber in das Kassensystem eingepflegt. Der Franchisenehmer hat jedoch die Möglichkeit, daran Änderungen entsprechend seiner eigenen Preisgestaltung vorzunehmen.*
3. *Der Franchisegeber ist jedoch berechtigt, verbindliche Höchstpreise vorzugeben, die der Franchisenehmer im Rahmen seiner persönlichen Preisgestaltung nicht überschreiten darf.*

Variante 3: Festpreise für bestimmte Produkte in einem Aktionszeitraum
1. *Der Franchisenehmer ist in der Preisgestaltung frei.*
2. *Lediglich im Rahmen zeitlich begrenzter Verkaufsförderungsaktionen, unter anderem anlässlich der Einführung neuer Vertragsprodukte, kann der Franchisegeber Festpreise für bestimmte Produkte vorgeben, solange dadurch der Franchisenehmer nur für eine kurze Zeitspanne und nur unwesentlich in seiner Preisgestaltungsfreiheit eingeschränkt ist.*
3. *Bewirbt der Franchisegeber in überregionalen Medien verschiedene Vertragsprodukte mit bestimmten Preisen, so wird es sich dabei ausschließlich um unverbindliche Preisempfehlungen handeln, die vom Franchisegeber in den Werbemedien auch als solche gekennzeichnet sind.*

▶ **Tipp** Eine offene Preiskommunikation zum Erhalt des Systemgedankens im Franchisesystem ist wichtig. Dies kann über ineinandergreifende Führungsmodule, aber zum Beispiel auch über einen Newsletter erfolgen oder über ein Preisbarometer. Die Preiskommunikation und die Transparenz sind je nach System und sogar nach Branche unterschiedlich in ihrer Wichtigkeit ausgeprägt. Im Interesse des Franchisesystems und jedes Franchisenehmers sollte der Franchisegeber das Ziel vor Augen haben, eine gleiche Preisgestaltung im System zu fokussieren. Jedoch gelingt dies nicht immer, da auch das unternehmerische Denken bei dem Typus eines selbstständigen Unternehmers auf Profit ausgerichtet ist und nicht selten Defizite in der Gewinn- und Verlustrechnung über erhöhte Preise ausgeglichen werden. Der Franchisegeber sollte immer differenzieren: als Steuermann eines Franchisesystems und in Einzelfallbetrachtungen von Standorten in ihren Anforderungen an eine vernünftige und erklärbare Preiskalkulation.

Zur Vereinfachung von Marketingaktionen, aber auch in der Produktkalkulation, ist eine flächendeckende Preisgestaltung von Vorteil. Jedoch handelt ein Franchisenehmer als freier Unternehmer und muss sich nicht an Preisvorgaben halten.

Steuerbar ist dies mit Führung und durch eine Kommunikation, wie die Preisgestaltung, aber auch die Profitberechnung erfolgt ist. Hier haben auch die Systemloyalität und das Vertrauen zum Franchisegeber einen großen Einfluss darauf, inwieweit sich Franchisenehmer an die Preisvorschläge des Franchisegebers halten.

▶ **Tipp** **Mehr im Detail:**

Ineinandergreifende Führungsmodule zur Sicherung des Systems

Im Fachbuch: „Praxisleitfaden Franchising – Strategien und Werkzeuge für Franchisegeber und -nehmer"

Riedl, Hermann|**Schwenken,** Christian

Springer Gabler Verlag

ISBN 978-3-658-04696-5

2.24 Bezugsbindung des Franchisenehmers

Von der Grundidee eines Franchisesystems her in vielen Fällen nahezu notwendig, aus kartellrechtlicher Sicht jedoch stets problematisch, ist die Bindung des Franchisenehmers an bestimmte Lieferanten. Der Franchisegeber möchte sicherstellen, dass an jedem einzelnen Standort exakt die gleiche Qualität angeboten wird und dem Kunden das stets gleiche Markenerlebnis widerfährt. Dies ist nur möglich, wenn im Einzelhandel die vertragstypischen Produkte von den gleichen Lieferanten bezogen werden, wenn in der Gastronomie Lebensmittel im wesentlichen identisch sind und wenn auch Nebenprodukte wie Werbematerialien, Ausstattungsgegenstände und vieles andere mehr zumindest identisch erscheinen. Aus kartellrechtlicher Sicht ist eine Bezugsbindung stets problematisch, bei vertikalen Vertriebsvereinbarungen jedoch, wie sie Franchiseverträge darstellen, sind nach der entsprechenden EU-Verordnung 80-%ige Bezugsbindungen zulässig. Auch das jedoch reicht bei vielen Franchisesystemen nicht aus. So werden von diesem Kartellverbot Ausnahmen zugelassen, sofern diese für den Erhalt des jeweiligen Franchisesystems zwingend erforderlich sind. Dies lässt sich bei den meisten Franchisesystemen oft sehr gut begründen. Wichtig ist es daher aber, dass auch genau eine solche Begründung im Rahmen des Franchisevertrages für die Vereinbarung einer Bezugsbindung herangezogen wird. Dabei kommt es nicht darauf an, ob die Bezugsbindung auf den Franchisegeber selbst als Hersteller oder Lieferant bezogen ist oder auf vom Franchisegeber ausgesuchte Lieferanten. Um eine kartellrechtliche Unwirksamkeit einer entsprechenden Klausel oder schlimmstenfalls sogar des gesamten Franchisevertrags zu vermeiden, sollte man jedoch Bezugsbindungen wirklich nur dort vorsehen, wo sie notwendig sind. Daher empfiehlt sich in vielen Fällen eine Differenzierung zwischen verschiedenen Produktgruppen, so wie in Variante 2. Gerade eine Bezugsbindung verstärkt noch die typische Erwartung eines Franchisenehmers, im Rahmen eines größeren Systems und einer damit verbundenen größeren Nachfragemacht Vertragsprodukte zu deutlich günstigeren Preisen als sonst am Markt möglich zu erhalten. Bis vor einiger Zeit war in der Rechtsprechung umstritten, inwieweit ein Franchisegeber seine Franchisenehmer an Vergünstigungen partizipieren lassen muss, die aufgrund hoher Bestellmengen entstehen, beispielsweise in Form von sogenannten Kick-backs, Werbekostenzuschüssen oder anderen Rabatten. Mittlerweile gilt als gesichert, dass der Franchisegeber nicht zur Auskehrung solche Einkaufsvorteile verpflichtet ist. Sicherheitshalber jedoch sollte dann, wenn man diese Vorteile nicht weitergeben möchte, ein konkreter Grund für das Einbehalten genannt werden, nämlich die Honorierung der eigenen Vertriebs- und Ankaufsverhandlungen des Franchisegebers.

Keinesfalls aber sollte der Franchisegeber nicht nur die Einkaufsvorteile nicht weitergeben, sondern auch noch mit zusätzlichen Gewinnspannen arbeiten. Denn das führte zum genauen Gegenteil der typischen und legitimen Erwartungen eines Franchisenehmers hinsichtlich günstiger Einkaufspreise. Ausnahmen von diesem Grundsatz kann es lediglich in Vertriebsfranchisesystemen geben, die im wesentlichen ausschließlich den Verkauf der vom Franchisegeber hergestellten Produkte zum Gegenstand haben, und bei denen die Franchisegebühr quasi eingepreist ist in die Einkaufspreise (so genannte verdeckte Franchisegebühren).

Variante 1: Hundertprozentige Bezugsbindung

1. *Der Franchisenehmer ist hinsichtlich der Vertragsprodukte verpflichtet, diese ausschließlich beim Franchisegeber zu beziehen. Diese hundertprozentige Bezugsbindung ist angesichts der Besonderheiten des Franchisesystems zwingend erforderlich, um ein einheitliches Markenerlebnis zu ermöglichen und einheitliche Qualität sicherzustellen. Querlieferungen zwischen den einzelnen Franchisenehmern sind nicht verboten.*

2. *Erhält der Franchisegeber von seinen Lieferanten seinerseits Vergünstigungen, Werbekostenzuschüsse, oder sonstige Rabatte aufgrund höherer Bestellmengen, so ist er nicht zur Weitergabe an die Franchisenehmer verpflichtet. Vielmehr stellen solche wirtschaftlichen Vorteile eine Gegenleistung für die Aushandlung günstiger Lieferkonditionen und für die Organisation des Einkaufs dar.*

Variante 2: Bezugsbindung differenziert nach Warengruppen

1. *Hinsichtlich der Frischeprodukte, welche sich im Einzelnen aus Anlage XYZ zu diesem Franchisevertrag ergeben, ist der Franchisenehmer nicht an die vom Franchisegeber vorgeschlagenen Lieferanten gebunden.*
2. *Hinsichtlich der sonstigen Vertragsprodukte jedoch besteht eine hundertprozentige Bezugsbindung an die vom Franchisegeber benannten Lieferanten, da anderweitig eine einheitliche Qualitätssicherung nicht erreichbar ist.*
3. *Sofern dem Franchisegeber aufgrund von Sammelbestellungen oder von entsprechenden Rahmenvereinbarungen angesichts großer Bestellmengen Rabatte, Werbekostenzuschüsse oder andere Vorteile gewährt werden, wird der Franchisegeber diese anteilig an den Franchisenehmer weiterreichen. Ein entsprechender Auskunftsanspruch hinsichtlich solcher Vergünstigungen steht dem Franchisenehmer jedoch nicht zu.*

► Eine Lieferantenbindung macht nicht nur Sinn wegen Kick-backs, Werbekostenzuschüssen oder anderen Rabatten. Der Hauptfokus eines Franchisesystems sollte in der Produktqualitätssicherheit liegen. Die Qualitätssicherung ist mit sehr großem finanziellen Aufwand zu rechtfertigen. Somit ist der Einbehalt der oben genannten Vergünstigungen nicht selten der Fall.

2.25 Eintrittsgebühr

Die Gebührenstrukturen in einem Franchisesystem sind sehr unterschiedlich, sowohl in Abhängigkeit von der jeweiligen Branche als auch von der jeweiligen Ausgestaltung des Franchisesystems. Zwar gibt es Systeme, bei denen überhaupt keine unmittelbaren Franchisegebühren gezahlt werden, dennoch ist die Vereinbarung einer sogenannten Eintrittsgebühr die Regel. Rein wirtschaftlich betrachtet möchte ein Franchisegeber natürlich gleich mit der erfolgreichen Unterzeichnung eines neuen Franchisevertrages Geld verdienen. Diese Motivation ist verständlich, dennoch muss man genauer hinsehen und bedenken, wofür diese Eintrittsgebühr gezahlt werden soll. Grundsätzlich überlässt der Franchisegeber dem Franchisenehmer ein fertiges Geschäftskonzept und gestattet ihm die Nutzung der von ihm bereits auf dem Markt eingeführten Marke. Es dürfte klar sein, dass er dafür eine Gegenleistung in Form von Gebühren haben möchte. Bei gegenseitigen Verträgen ist es jedoch wichtig, dass auch die gegenseitigen Leistungen beider Vertragspartner in einem ausgewogenen Verhältnis zueinander stehen. Im Extremfall kann es vorkommen, dass ein Vertrag als sittenwidrig und damit als nichtig eingestuft wird, wenn die Leistung des einen Vertragspartners völlig außer Verhältnis zur Leistung des anderen Vertragspartners steht. Wichtig ist es daher, im Rahmen der Vereinbarung der unterschiedlichen Gebühren in einem Franchisevertrag klarzustellen, welche Leistungen mit welchen Gebühren abgegolten sein sollen. Nun will der Franchisegeber meist nicht, dass die Franchisegebühr zurückgefordert wird, wenn der Franchisevertrag vorzeitig außerordentlich beendet wird. Wenn bei einer Eintrittsgebühr der Eindruck entsteht, sie sei ganz allgemein die Gegenleistung für die Nutzungsmöglichkeit des Franchisekonzeptes und der Franchisemarke, wäre es angemessen, diese gedanklich auf die ganze Laufzeit zu verteilen, sodass es zu einem Rückerstattungsanspruch im Falle der vorzeitigen Beendigung käme. Daher ist es mittlerweile in den meisten Verträgen üblich geworden, die Eintrittsgebühr ausdrücklich als Gegenleistung für die erstmalige Übertragung des Know-hows (Übergabe des Handbuchs, Schulungen usw.) und für die Unterstützungsleistungen des Franchisegebers bei der Eingliederung in das System darzustellen. Da diese Leistungen bereits in vollem Umfang zu Beginn erbracht werden, kann es dann später auch nicht zu einer anteiligen Rückforderung kommen.

Häufig wird für den Fall eines Anschlussvertrages oder einer Verlängerung des bestehenden Vertrages eine erneute Eintrittsgebühr oder zumindest eine Verlängerungsgebühr in reduzierter Höhe verlangt (Variante 3). Natürlich ist es aus Sicht des Franchisegebers nachvollziehbar, dass er quasi als Kaufpreis für einen neuen Vertrag auch wieder einen entsprechenden Betrag haben möchte. Wenn man allerdings berücksichtigt, dass die Eintrittsgebühr in der Regel als Gegenleistung für die Eingliederungsmaßnahmen betrachtet wird, so wird schnell klar, dass einer Verlängerungsgebühr im Wesentlichen keine Gegenleistungen gegenüberstehen. Denn einmal eingegliedert muss der Franchisenehmer nicht nochmals eingegliedert werden und das bereits übertragene Know-how muss nicht nochmals übertragen werden. Eine Gebühr dürfte allenfalls in äußerst geringer Höhe für den bürokratischen und operativen Aufwand einer Vertragsverlängerung angemessen sein. Anders verhält es sich mit möglichen Eröffnungsgebühren (Variante 4) im Falle eines Franchisenehmers, der von vornherein im Rahmen seines Vertrages zur Marktbearbeitung eines größeren Gebietes und zur Eröffnung mehrerer Outlets in diesem Gebiet berechtigt und verpflichtet ist. Denn dass mit der Neueröffnung eines weiteren Outlets auch wieder intensivere Unterstützungsmaßnahmen des Franchisegebers anfallen können, dürfte schon eher einleuchten. Auch bei einer solchen Eröffnungsgebühr sollte jedoch in der betreffenden Klausel die konkrete Gegenleistung im Administrationsmanual (Beispiel könnte hierzu sein; Betreuung des Standortkonzeptes in der Entwicklung, Begleitung des Eröffnungsphase, Administrativer Aufwand im Bereich Immobilien und Bau, Standortanalyse) zumindest grob umrissen werden.

Die Eintrittsgebühr sollte in der Regel sofort fällig gestellt werden, gelegentlich wird auch eine Fälligkeit nach drei Wochen ab Unterzeichnung des Vertrages vereinbart (Variante 1), um zunächst den Ablauf einer etwaigen zweiwöchigen Widerrufsfrist abzuwarten.

Variante 1: Eintrittsgebühr mit Anrechnung auf etwaige Reservierungsgebühr

1. *Der Franchisenehmer zahlt zu Beginn des Vertragsverhältnisses eine Eintrittsgebühr in Höhe von 10.000 €. Die Gebühr ist zur Hälfte mit Unterzeichnung, zur anderen Hälfte drei Wochen nach Unterzeichnung dieses Vertrages fällig.*
2. *Eine von dem Franchisenehmer etwaig im Rahmen einer Reservierungsvereinbarung oder eines anderen Vorvertrages gezahlte Gebühr wird auf die Eintrittsgebühr angerechnet.*

Variante 2: Eintrittsgebühr mit Rückzahlungsausschluss

Der Franchisenehmer ist verpflichtet, mit dem Eintritt in das Franchisesystem eine Eintrittsgebühr in Höhe von 25.000 € zu zahlen. Mit der Eintrittsgebühr sind die bereits erbrachten Leistungen des Franchisegebers hinsichtlich des Aufbaus des Franchisesystems, die erstmalige Übertragung des Know-hows sowie sämtliche Leistungen im Zusammenhang mit der Eingliederung des Franchisenehmers in das Franchisesystem abgegolten. Daher kann die Eintrittsgebühr weder ganz noch anteilig zurückgefordert werden, sollte das Vertragsverhältnis vorzeitig, gleich auf welche Art, beendet werden.

Variante 3: Eintrittsgebühr und Verlängerungsgebühr

1. *Zur Abgeltung der erstmaligen Übertragung des Know-hows und sämtlicher Eingliederungsleistungen des Franchisegebers zahlt der Franchisenehmer eine einmalige Eintrittsgebühr in Höhe von 20.000 €.*
2. *Sollte das Vertragsverhältnis entsprechend den weiteren Bedingungen dieses Vertrages um eine zweite Laufzeit verlängert werden, so ist der Franchisenehmer verpflichtet, eine Verlängerungsgebühr in Höhe von 10.000 € zu zahlen.*

Variante 4: Eintrittsgebühr und Eröffnungsgebühren je Standort

1. *Für die erstmalige Übertragung des Know-hows auf den Franchisenehmer und für die Eingliederung in das Franchisesystem zahlt der Franchisenehmer eine Eintrittsgebühr in Höhe von 25.000 €.*
2. *Bei jeder Eröffnung eines weiteren Outlets im Vertragsgebiet wird als Gegenleistung für die Unterstützungsleistungen des Franchisegebers im Zusammenhang mit der Eröffnung eine Eröffnungsgebühr in Höhe von 10.000 € fällig.*

Fallstrick
Im Vertrag und ggf. auch im Administrationshandbuch sollten die den jeweiligen Gebühren gegenüberstehenden Leistungen genau definiert werden. Hier können sich Fallstricke insbesondere bei der Eintrittsgebühr ergeben. Deren Gegenleistung umfasst in der Regel u. a. auch die Erschließung des neuen Standortes und die Beratung im Bereich Einrichtung und Prozessstruktur. Außerdem die Anfangsausbildung des Franchisenehmers. Durch diese Definierung der entsprechenden Leistungen kann somit bei einer weiteren Eröffnung durch den selben Franchisenehmer nur eine reduzierte Eintrittsgebühr berechnet werden, da der Franchisenehmer ja schon ausgebildet ist und dieser Teilbereich der Gegenleistung für die weiteren Standorte nicht mehr von Nöten ist.

▶ **Tipp** Nach der Bezahlung der Eintrittsgebühr erhält der Franchisenehmer das gesamte Know-how in Form von Trainings oder Handbüchern vermittelt.

Junge Franchisesysteme unterlassen oft die Einforderung der Eintrittsgebühr aufgrund der schnelleren Franchisenehmergewinnung. Diesbezüglich ist es jedem Franchisesystem selbst überlassen, wie hoch und inwieweit eine Eintrittsgebühr berechnet wird, jedoch sollte jeder Franchisegeber genau kalkulieren, ob die Erstschulung bzw. das Training, die Kosten zur Eröffnung sowie der dazugehörige Aufwand mit den laufenden Franchisegebühren allein gedeckt sind.

Wir empfehlen bei unterschiedlichen Formaten in einem Franchisesystem, nicht den Franchisevertrag dem einzelnen Format anzupassen, sondern dem Franchisevertrag gesondert eine Gebührenmatrix beizulegen (vgl. Abb. 2.4).

Fallstrick
Der Wegfall der Eintrittsgebühr zwecks leichterer Gewinnung neuer Franchisenehmer wurde schon erwähnt, jedoch verhindert der Drang nach schneller Expansion die finanzielle Absicherung dieses Expansionszieles. Gebiete werden oft ohne eine detaillierte Expansionsplanung vergeben. Es fehlen nicht selten Zeitrahmen, Anzahl der zu eröffnenden Geschäfte und Anzahl nach Größenordnung und zugeordneten Standorten. Sollte dies dennoch vom Franchisegeber vorbildlich umgesetzt werden, fehlt die finanzielle Bindung des Franchisenehmers an den Expansionsplan. Wir empfehlen generell, die Eintrittsgebühr bei einem festgelegten Expansionsplan als Vorauszahlung zu den geplanten Standorten in Form einer Bankbürgschaft oder als Zahlung einzufordern. Die Vorauszahlung der Eintrittsgebühr dient somit als Sicherheitszahlung für den zugesagten Expansionserfolg.

Gebührenmatrix als Bestandteil des Franchisevertrages

Die Gebührenmatrix entlastet den Franchisevertrag! Gerade bei unterschiedlichen Franchisemodulen mit unterschiedlichen Gebühren ist es sinnvoll den Franchisevertrag zu standardisieren und die unterschiedlichen Kennzahlen und Leistungen in der Gebührenmatrix festzuhalten.

Beispiele an Inhalte

- Franchisegebühren
- Gebührenordnung / Produkte
- Expansionsplan
- Öffnungszeiten
- Managementbesetzung
- Training- Schulungsstruktur
- Produktivitätslevel +/-
- Besetzungsplan
- Produktbelegung
- Lieferanten
- je nach Konzept kann der Inhalt sicherlich erweitert werden

Abb. 2.4 Gebührenmatrix als Bestandteil eines Franchisevertrages

2.26 Laufende Franchisegebühren

Laufende Franchisegebühren, auch „Royalties" genannt, werden, unverdeckt oder verdeckt, in nahezu allen Franchisesystemen gezahlt. Gibt es im Franchisevertrag keinerlei Vereinbarung hinsichtlich laufender Gebühren, so wird es sich in der Regel um ein Vertriebssystem handeln, bei dem der Franchisenehmer vom Franchisegeber hergestellte oder vertriebene Produkte verkauft. In diesen Fällen ist dann der Wert der Leistungen des Franchisegebers bereits in die entsprechenden Lieferpreise für die Vertragsprodukte mit einkalkuliert. Hier spricht man von verdeckten Franchisegebühren. In allen anderen Fällen gibt es jedoch ebenfalls zahlreiche unterschiedliche Möglichkeiten hinsichtlich der Gebührengestaltung. Über die Höhe der Gebühr lässt sich naturgemäß nichts Verallgemeinerndes sagen, angesichts der erheblichen Unterschiede zwischen den verschiedenen Franchisesystemen und Branchen. Am einfachsten handhabbar ist die Vereinbarung einer monatlich fixen Pauschale (Variante 1). Diese hat den Nachteil, dass sie einerseits nicht die tatsächlichen Umsätze und Erfolge, und damit die finanziellen Möglichkeiten des Franchisenehmers, berücksichtigt, und andererseits, dass sie im Falle allgemeiner Preissteigerungen und einer Veränderung der Lebenshaltungskosten nicht angepasst wird. Letzteres lässt sich durch eine Anpassungsklausel unter Bezugnahme auf einen gängigen Index vermeiden. Der Vorteil einer Pauschalgebühr ist andererseits, dass der Franchisegeber in keiner Weise die Umsätze und die gesamte Buchhaltung des Franchisenehmers überprüfen muss. Wählt man, was in der überwiegenden Anzahl der Franchisesysteme der Fall ist, eine Franchisegebühr in prozentualer Abhängigkeit von den laufenden Geschäftsergebnissen des Franchisenehmers, so sollte in der Regel auf die Umsätze Bezug genommen werden. Eine Bezugnahme auf die Gewinne ist natürlich ebenfalls möglich, erfordert jedoch eine ausführlichere Auseinandersetzung mit der Buchhaltung des Franchisenehmers. Bezieht man sich ausschließlich auf die Umsätze (brutto oder netto), so genügt eine Anknüpfung an das Kassensystem des Franchisenehmers.

Damit die Franchisegebühren bei niedrigen Umsätzen den Franchisenehmer nicht über Gebühr belasten oder bei höheren Umsätzen nicht völlig außer Verhältnis zu den in der Regel unabhängig vom Umsatz gleich bleibenden Gegenleistungen des Franchisegebers stehen, bieten sich sowohl nach oben als auch nach unten hin Begrenzungen bzw. Deckelungen der zu zahlenden Gebühren an, sowie hier in Variante 3 beispielhaft dargestellt. Zunehmend werden aber auch – nicht zuletzt aufgrund der Erfahrungen in der Coronakrise – bei ganz normalen prozentualen Franchisegebühren stets zu zahlende Mindestgebühren vereinbart (Variante 2), damit auch im Falle von vorübergehenden Betriebsschließungen dem Franchisegeber zumindest ein Grundbetrag zur Verfügung steht, der die Arbeitsfähigkeit der Franchisezentrale sicherzustellen hilft.

In Ausnahmefällen kann es problematisch sein, in die Umsätze, anhand derer die Gebühren berechnet werden, auch die Umsätze mit solchen Produkten einzubeziehen, die keine Vertragswaren sind und zu deren Verkauf der Franchisenehmer in begrenztem Rahmen berechtigt ist (sogenannte Diversifikationsprodukte). Wenn der wesentliche Zweck eines Franchisesystems der Vertrieb von Produkten des Franchisegebers ist, dürfte eine Einbeziehung fremder Produkte, die zusätzlich verkauft werden, nicht angemessen sein. In den meisten Fällen jedoch profitieren auch die Diversifikationsprodukte vom Gesamtrahmen des Franchisesystems und von der jeweiligen Marke, sodass eine Einbeziehung rechtlich unproblematisch ist. Insoweit sollte auf jeden Fall eine entsprechende Klarstellung wie in den Varianten 2 und 3 erfolgen. Dies gilt auch deshalb, weil eine Ausklammerung der Diversifikationsprodukte mit erheblich mehr Schwierigkeiten bei der Berechnung und auch bei der Kontrolle verbunden wäre.

Variante 1: Monatliche Fixgebühr

Zur Abgeltung der fortlaufenden Betreuung und der Nutzungsrechte bzgl. Marke und systemspezifischem Know-how zahlt der Franchisenehmer an den Franchisegeber während der Vertragslaufzeit eine monatliche Franchisegebühr in Höhe von 500 € zzgl. MwSt., zu zahlen jeweils bis zum 5. eines jeden Monats.

Variante 2: Prozentuale Franchisegebühr, gestaffelt nach Umsatzergebnissen

1. *Der Franchisenehmer zahlt eine laufende monatliche Franchisegebühr in Höhe von zehn Prozent des Bruttoumsatzes, mindestens jedoch 750 € monatlich, zuzüglich der gesetzlichen Mehrwertsteuer, jeweils fällig zum 15. des nachfolgenden Monats. Zum Umsatz zählen sämtliche Umsätze, die der Franchisenehmer gegenüber seinen Kunden realisiert, einschließlich der Umsätze mit den Diversifikationsprodukten.*
2. *Erwirtschaftet der Franchisenehmer in einem Kalenderjahr mehr als durchschnittlich 50.000 € Bruttoumsatz pro Monat, so reduziert sich im nachfolgenden Kalenderjahr die Franchisegebühr auf 8,5 %, beträgt der durchschnittliche Monatsbruttoumsatz in einem Kalenderjahr mehr als 75.000 €, so ist im nachfolgenden Kalenderjahr lediglich eine Franchisegebühren in Höhe von sieben Prozent zu zahlen.*

Variante 3: Prozentuale Franchisegebühr ab bestimmtem Mindestumsatz

1. *Als Gegenleistung für die Nutzung der Vertragsrechte und die Betreuungsleistungen wird eine monatliche Franchisegebühr in Höhe von 7,5 % des Nettomonatsumsatzes zzgl. MwSt. vereinbart, den der Franchisegeber mit sämtlichen Produkten und Dienstleistungen, sowohl den Vertragsprodukten, als auch den Diversifikationsprodukten, erwirtschaftet.*
2. *In den ersten sechs Monaten der Vertragslaufzeit zahlt der Franchisenehmer keine Franchisegebühr, danach höchstens 1000 € zzgl. MwSt. monatlich.*

▶ Auch bei den laufenden Franchisegebühren ist es ratsam, anzugeben, für welche Leistung des Franchisegebers diese gezahlt werden. Zwar dürfte sich dies meist aus der Natur einer Franchisepartnerschaft ergeben, ob das Fehlen entsprechender Angaben jedoch von allen Gerichten im Streitfalle toleriert wird, ist nicht sicher.

2.27 Marketing & Werbung

Da Franchisegeber und Franchisenehmer das gemeinsame Ziel des Aufbaus bzw. der Erhaltung einer starken Marke haben, liegt es auch im beiderseitigen Interesse, dass in allen klassischen Bereichen von Marketing, Werbung und Öffentlichkeitsarbeit das Franchisesystem optimal präsentiert wird. Dabei ist es die klassische Aufteilung in einem Franchisesystem, dem Franchisegeber die überregionale Werbung zu belassen, den Franchisenehmer jedoch zu verpflichten, in seinem Vertragsgebiet Marketing zu betreiben. Während die entsprechenden Auslagen des Franchisegebers häufig durch die speziell hierfür eingeführten Werbegebühren finanziert werden, kommt es in manchen Verträgen vor, dass auch die Investition des Franchisenehmers in lokales Marketing dadurch etwas konkreter gestaltet wird, dass ein bestimmter Mindestinvest vereinbart wird, wie in Variante 2. Wichtig ist es, dem Unternehmer die Freiheit zu belassen, gegebenenfalls auch in eigener Kreativität neue Werbe- oder Marketingmaßnahmen zu planen und durchzuführen. Gleichzeitig muss jedoch dem Franchisegeber das letzte Wort zugestanden werden, um eine Einheitlichkeit des gesamten Werbeauftritts, insbesondere auch innerhalb der Grenzen der systemspezifischen Corporate Identity zu gewährleisten. Typische Klauseln bezüglich Pressearbeit, die den Franchisenehmer verpflichten, jegliche Presseanfrage an den Franchisegeber weiterzugeben, sind rechtlich bedenklich, da nicht jede Presseanfrage zwingend das gesamte System betrifft, sondern möglicher Weise auch den konkreten Standort, und somit die unternehmerische Selbstständigkeit in nicht zwingend notwendiger Weise eingeschränkt wird. Daher sollte hinsichtlich solcher Klauseln besser differenziert werden, als wie hier in Variante 2.

Variante 1: Franchisegeber ist für die überregionale Werbung, Franchisenehmer für lokale Werbung zuständig

1. *Der Franchisegeber ist für die überregionale Werbung und für den Aufbau der Marke zuständig. Die von den Franchisenehmern eingezahlten Marketinggebühren verwendet er dafür nach pflichtgemäßem Ermessen.*
2. *Der Franchisenehmer ist berechtigt und verpflichtet, lokales Marketing in seinem Vertragsgebiet durchzuführen. Hierbei hat er sich der vom Franchisegeber zur Verfügung gestellten Materialien zu bedienen und die sich aus dem Franchisehandbuch ergebenden Richtlinien zu beachten.*
3. *Möchte der Franchisenehmer weitergehende Werbemethoden anwenden oder eigene Werbematerialien erstellen, so hat er zuvor die Zustimmung des Franchisegebers einzuholen, die dieser nur verweigern wird, wenn sich die Maßnahmen und die Materialien nicht im Rahmen der Vorgaben des Franchisegebers bezüglich Marketing und Corporate Identity bewegen.*

Variante 2: Aufgabenverteilung bezüglich Marketing, Öffentlichkeitsarbeit und Pressearbeit

1. *Überregionale und nationale Werbung, allgemeines Marketing einschließlich Markenaufbau sowie Öffentlichkeitsarbeit sind originäre Aufgaben des Franchisegebers. Der Franchisegeber nutzt dabei nach pflichtgemäßem Ermessen sowohl Drucksachen als auch digitale Medien.*

2. *Pressearbeit ist Aufgabe des Franchisegebers, sodass jeder Franchisenehmer Presseanfragen an diesen weiterzuleiten hat.*
3. *Für die regionale Werbung in seinem Vertragsgebiet ist der Franchisenehmer verantwortlich, lediglich die Eröffnungswerbung anlässlich der Eröffnung des neuen Standortes wird vom Franchisegeber und auf dessen Kosten durchgeführt. Der Franchisenehmer ist verpflichtet, monatlich mindestens zwei Prozent seines Bruttoumsatzes in Werbung und Marketing zu investieren.*

▶ **Tipp** **Mehr im Detail:**
Thema Marketing, Hürden und operative Umsetzung sowie Gründung einer Marketing Verwaltungsgesellschaft
Im Fachbuch: „Praxisleitfaden Franchising – Strategien und Werkzeuge für Franchisegeber und -nehmer"
Riedl, Hermann|**Schwenken,** Christian
Springer Gabler Verlag
ISBN 978-3-658-04696-5

2.28 Marketing-/Werbegebühr

Für die Zwecke des allgemeinen Betriebs der Systemzentrale und den Aufbau des Franchisesystems verwendet der Franchisegeber unter anderem die von den Franchisenehmern gezahlten Eintritts- und laufenden Franchisegebühren. Diese müssen in einem ausgewogenen Verhältnis zu den Leistungen des Franchisegebers stehen, ihre Verwendung unterliegt jedoch keiner Kontrolle durch die Franchisenehmer. Bei den sogenannten Marketing- oder Werbegebühren jedoch handelt es sich um Leistungen der Franchisenehmer, die nach allgemeiner Ansicht vom Franchisegeber quasi treuhänderisch zu verwalten und zweckgebunden zu verwenden sind. Daher gilt es auch als allgemein anerkannt, dass der Franchisegeber über die konkrete Verwendung Auskunft erteilen muss. Umstritten ist lediglich der konkrete Umfang der Auskunfts- und Rechenschaftspflichten. Daher wird auch immer wieder in Franchiseverträgen versucht, entsprechende Auskunftsansprüche durch Klauseln zu begrenzen (Variante 2). Dies jedoch dürfte je nach Ausgestaltung rechtlich fragwürdig sein. Schon eher rechtlich zulässig ist eine Regelung wie in Variante 1, die den Auskunftsanspruch auf den Franchisenehmerbeirat beschränkt, da dieser wiederum zur Weitergabe der erteilten Informationen an alle Franchisenehmer berechtigt wäre.

Gerade aufgrund der besonderen Ausgestaltung der Marketinggebühr als quasi treuhänderisch zu verwaltendes Vermögen stellt sich bei manchen Aktionen berechtigterweise die Frage, inwieweit von ihnen auch tatsächlich alle Franchisenehmer, die in gleichem

Maße in den Pool eingezahlt haben, profitieren. Zwar dürfte der Franchisegeber nicht berechtigt sein, den gesamten Betrag regelmäßig so einseitig zu verwenden, dass stets besonders spezielle Gruppen von Franchisenehmern davon stärker profitieren (nur die Franchisenehmer in Einkaufszentren, nur die Franchisenehmer in einem bestimmten Bundesland usw.). Da aber dennoch nie sichergestellt werden kann, dass sich alle Marketingmaßnahmen stets auf alle Franchisenehmer gleichmäßig oder zumindest entsprechend ihrem eingezahlten Anteil, auswirken, empfiehlt sich eine entsprechende Freistellungsklausel, wie in Variante 2.

Die konkrete Ausgestaltung von Werbegebühren kann durchaus sehr unterschiedlich erfolgen, in der Regel allerdings durch vertragliche Vereinbarung einer prozentualen Gebühr, berechnet anhand des Umsatzes des Franchisenehmers, meist parallel geregelt mit den laufenden Franchisegebühren. Da ein Franchisegeber aber gerade in der Aufbauphase nicht in jedem Fall deutschlandweites Marketing betreibt, kann es sachgerecht sein, sich die spätere Einführung einer Marketinggebühr vorzubehalten (Variante 1). Das stellt keine einseitige und damit unzulässige Änderung des gemeinsamen Franchisevertrages dar, sondern ist ein gesetzlich zulässiges Leistungsbestimmungsrecht, bzw. ein Änderungsvorbehalt, der jedoch so konkret gefasst werden muss, dass die etwaigen späteren Auswirkungen für den Franchisenehmer ungefähr vorhersehbar sind. Daher ist auch der Höchstsatz der Marketinggebühr in Variante 1 konkret benannt. Etwas komplizierter ist die Regelung in Variante 3, die jedoch auch so oder ähnlich in manchen Franchiseverträgen verwendet wird. Hier bestreitet der Franchisegeber das allgemeine überregionalen Marketing noch aus seinem regulären normalen Haushalt, möchte jedoch größere einmalige Maßnahmen auf die Franchisenehmer umlegen können, so zum Beispiel den Relaunch der Webseite, einen einmaligen Fernsehspot oder eine spezielle Weihnachtsaktion. Auch bei solch einer eher etwas unbestimmten Klausel ist es wichtig, einen Rahmen zu stecken, der es dem Franchisenehmer ermöglicht, eventuelle wirtschaftliche Belastungen vorab einzukalkulieren.

Variante 1: Vorbehalt der Einführung einer Marketinggebühr

1. *Der Franchisegeber behält sich vor, ab einem von ihm nach seinem pflichtgemäßen Ermessen zu bestimmenden Zeitpunkt für überregionale Marketing- und Werbemaßnahmen eine Marketinggebühr in Höhe von bis zu 1,5 % des monatlichen Bruttoumsatzes des Franchisenehmers einzuführen.*
2. *Vor der Einführung der Marketinggebühr wird der Franchisegeber den Franchisenehmerbeirat ins Benehmen ziehen. Er wird ihn auch jährlich über die Verwendung der gesamten Marketinggebühren aller Franchisenehmer informieren.*

Variante 2: Marketinggebühr und begrenzter Auskunftsanspruch

1. *Der Franchisenehmer zahlt zusätzlich zu den laufenden Franchisegebühren eine Werbe- und Marketinggebühr für überregionales Marketing und allgemeinen Markenaufbau in Höhe von einem Prozent des monatlichen Bruttoumsatzes.*
2. *Der Franchisenehmer hat keinen Anspruch darauf, dass die mit den Marketinggebühren finanzierten Maßnahmen ihm mit exakt gleichem Anteil zugutekommen, wie er durch seine Marketinggebühr an dem Gesamtetat beteiligt war. Ebenfalls hat der Franchisenehmer keinen Anspruch auf eine umfassende Auskunft und Rechnungslegung bezüglich der Marketinggebühren.*

Variante 3: Anlassbezogene Marketinggebühren

1. *Der Franchisegeber ist zur überregionalen Werbung und zum überregionalen Marketing verpflichtet, um den Aufbau der Marke zu fördern und die Markenbekanntheit zu festigen.*
2. *Jährlich bis zu drei einzelne größere Maßnahmen im Rahmen der Werbung, des Marketings und der Öffentlichkeitsarbeit kann er anteilig auf alle Franchisenehmer umlegen, soweit der einzelne Franchisenehmer nicht mit mehr als 1000 € jährlich belastet wird. Überschüsse aus den entsprechenden Umlagen darf der Franchisegeber im darauf folgenden Jahr zusätzlich für entsprechende Maßnahmen verwenden.*
3. *Der Franchisegeber wird alle Franchisenehmer jährlich über die genaue Verwendung der umgelegten Beträge informieren.*

▶ In den meisten Franchisesystemen, insbesondere ab einer bestimmten Größe, empfiehlt es sich, für die Verwaltung und Verwendung des Marketingfonds und die dafür erforderlichen Entscheidungen eine Marketingverwaltungsgesellschaft zu gründen, die dafür zuständig ist, die Marketinggebühren zu verwalten und im Sinne der Marke nationale Marketingaktionen durch Vertreter der Franchisenehmerschaft zu beschließen.

▶ Tipp **Mehr im Detail:**
Im Fachbuch: „Praxisleitfaden Franchising – Strategien und Werkzeuge für Franchisegeber und -nehmer"
Riedl, Hermann|**Schwenken,** Christian Springer Gabler Verlag
ISBN 978-3-658-04696-5

2.29 Kontrollrechte des Franchisegebers

Die Schlagkraft und die Marktposition eines Franchisesystems leben von der Einheitlichkeit des Außenauftritts und von der einheitlichen Einhaltung aller Qualitätskriterien, die das betreffende System ausmachen und zu deren Einhaltung jeder Franchisenehmer verpflichtet ist. Hat also der Franchisegeber die einheitliche Qualität und das einheitliche Erscheinungsbild sicherzustellen, so ist er im Interesse des Gesamtsystems gezwungen, Kontrollen durchzuführen oder durch Dritte durchführen zu lassen. Als Rechtsgrundlage für derartige Auskunfts-, Einsichts- und Kontrollrechte wird teilweise das mit dem geschäftsbesorgungsvertraglichen Charakter eines Franchisevertrages verbundene Weisungsrecht des Franchisegebers betrachtet, teilweise die systemimmanente Notwendigkeit aufgrund des speziellen Charakters einer Franchisepartnerschaft.

Andererseits bedeuten solche Kontrollen natürlich auch einen erheblichen Eingriff in die unternehmerische Selbstständigkeit des Franchisenehmers. Daher müssen entsprechende Klauseln in einem Franchisevertrag stets das Ziel haben, einen angemessenen Ausgleich zwischen diesen beiden eminent wichtigen Interessen zu schaffen. Klauseln, denen dieser Ausgleich nicht gelingt, und die zu einseitig die umfassende Kontrollbefugnis des Franchisegebers manifestieren, laufen Gefahr, einer AGB-Kontrolle zum Opfer zu fallen, zu einer Sittenwidrigkeit des gesamten Franchisevertrages beizutragen oder die Möglichkeit einer Scheinselbstständigkeit in den Fokus zu rücken. Daher sollten entsprechende Klauseln, sowohl hinsichtlich der Überprüfung der Geschäftsräume als auch hinsichtlich der Überprüfung der Buchhaltungsunterlagen, stets so formuliert sein, dass das zwingend notwendige Mindestmaß an Kontrolle ermöglicht wird, dass aber auch die Interessen des Franchisenehmers deutlich zum Ausdruck gebracht werden. Die schrankenlosen Kontroll- und Einsichtsrechte, wie in Variante 1 vereinbart, laufen auf jeden Fall Gefahr, als unwirksam betrachtet zu werden. Daher sollten gerade die Zutrittsrechte auf die üblichen Öffnungszeiten beschränkt bleiben. Auch die Einsichtsrechte in die Buchhaltung sollten zum einen so gestaltet werden, dass sich ein Franchisenehmer, der nicht immer alle Unterlagen in geeigneter Form sofort parat hat, darauf vorbereiten kann und dass sie nur in dem Umfang erlaubt sind, wie sie angesichts des Kontrollbedürfnisses des Franchisegebers, beispielsweise hinsichtlich der ordnungsgemäßen Übermittlung der Umsatzzahlen, notwendig sind.

Eine Geheimhaltungspflicht für den Franchisegeber dürfte sich aus dem Charakter der jeweiligen Kontrollmaßnahme ergeben, dennoch trägt eine ausdrückliche vertragliche Regelung dazu bei, dass Vertrauen des Franchisenehmers zu stärken und die Wirksamkeit einer entsprechenden Klausel wahrscheinlicher zu machen. Ähnliches gilt für Kostentragungsregelungen, wobei am häufigsten die Kosten nur dann dem Franchisenehmer auferlegt werden, wenn konkrete Unregelmäßigkeiten festgestellt werden.

Das Instrument des „Mystery Shopping“ (Variante 3) ist gerade im Bereich des Einzelhandels und der Systemgastronomie üblich, denn nur auf diese Weise lässt sich wirklich feststellen, wie mit den Kunden umgegangen wird und wie sich die Umsetzung der Systemstandards im Alltagsbetrieb darstellt.

Variante 1: Umfassende Kontrollbefugnis des Franchisegebers

1. *Der Franchisegeber ist jederzeit berechtigt, die Geschäfts- und Büroräume des Franchisenehmers zu betreten und Kontrollen hinsichtlich der ordnungsgemäßen Umsetzung des Franchisesystems durchzuführen. Der Franchisegeber ist ebenfalls berechtigt, auf Anforderung Einsicht in sämtliche Buchhaltungsunterlagen des Franchisenehmers zu nehmen.*
2. *Der Franchisegeber ist verpflichtet, bezüglich aller Kenntnisse, die er durch derartige Kontrollen gewonnen hat, Stillschweigen zu bewahren. Allerdings ist er berechtigt, die gewonnenen Daten für anonyme Betriebsvergleiche zu verwenden.*
3. *Die Kosten der turnusmäßigen Kontrollen hat der Franchisenehmer zu tragen.*

Variante 2: Begrenzte Kontrollbefugnis des Franchisegebers

1. *Der Franchisegeber oder ein von ihm beauftragter Dritter ist berechtigt, die Geschäftsräume des Franchisenehmers zu den üblichen Geschäftszeiten zu betreten und Auskünfte zu verlangen, die ihm eine Überprüfung der ordnungsgemäßen Umsetzung des Franchisesystems ermöglichen.*
2. *Des Weiteren ist der Franchisegeber berechtigt, nach Ankündigung innerhalb von 14 Tagen Einsicht in die Buchhaltungsunterlagen des Franchisenehmers zu nehmen.*
3. *Stellen sich bei den Kontrollbesuchen oder bei der Überprüfung der Buchhaltung Unregelmäßigkeiten heraus, so ist der Franchisenehmer verpflichtet, die Kosten der Überprüfung zu tragen.*

Variante 3: Der Franchisegeber setzt Testkunden ein

1. *Der Franchisegeber setzt regelmäßig Testkunden ein („Mystery Shopping"). Werden aufgrund dieser regelmäßigen Kontrollen durch vom Franchisegeber beauftragte Dritte Unregelmäßigkeiten oder Abweichungen von verbindlichen Vorgaben des Franchisegebers festgestellt, so werden die Defizite im Rahmen gemeinsamer Gespräche erörtert.*
2. *Da die Überprüfung der ordnungsgemäßen Umsetzung des Franchisekonzeptes im Interesse aller Franchisenehmer erfolgt, tragen alle Franchisenehmer anteilig die Kosten für die Durchführung der anonymen Kundenbesuche.*

2.30 Buchhaltung und Berichtswesen

Der Bereich der persönlichen Buchhaltung des Franchisenehmers ist naturgemäß äußerst sensibel zu behandeln. Gerade Eingriffe, Kontrollrechte, und Vorgaben in diesem Bereich berühren den Franchisenehmer im innersten seiner unternehmerischen Selbstständigkeit. Daher sind solche Vorgaben, sei es hinsichtlich der konkreten Ausgestaltung der Buchhaltung, sei es hinsichtlich der Übermittlung von Ergebnissen, nur in dem Maße zulässig und rechtlich unproblematisch, wie sie für eine ordnungsgemäße professionelle Führung eines Franchisesystems erforderlich sind. Hinsichtlich der Mitteilung der jeweiligen Monatsergebnisse ergibt sich die Notwendigkeit in den meisten Franchisesystemen bereits daraus, dass der Franchisegeber eine Möglichkeit der Überprüfung angesichts umsatzabhängiger Franchisegebühren haben muss. Daher bedürfen diese Klauseln in Franchisesystemen ohne laufende Franchisegebühren oder mit pauschalen Monatsgebühren einer zusätzlichen Rechtfertigung, die auch im Vertragstext genannt werden sollte (Variante 2). Allerdings hat der Franchisegeber auch ein darüber hinausgehendes Interesse an einer umfassenden Kenntnis über die wirtschaftliche Entwicklung seiner Franchisenehmer. Zum einen muss er anhand der jeweiligen Einzelergebnisse der einzelnen Franchisenehmer die Wirtschaftlichkeit und die Tragfähigkeit seines Geschäftsmodells immer wieder auf den Prüfstand stellen. Auch muss er in die Lage versetzt werden, Vergleiche zwischen verschiedenen Arten von Standorten und zwischen verschiedenen Regionen zu ziehen. Auch im Interesse aller Franchisenehmer sind genauere regelmäßige Angaben über Betriebsergebnisse wichtig, wenn es um die Bestimmung der eigenen Position gegenüber Wettbewerbern (Benchmarking) und um Betriebsvergleiche geht. Schließlich ist der Franchisegeber im Rahmen der vorvertraglichen Aufklärung gegenüber Franchiseinteressenten verpflichtet, umfassende und aussagekräftige Angaben über die Wirtschaftlichkeit des Systems und über die Ergebnisse vergleichbarer Franchise-Outlets zu machen. Dies könnte er nicht, wenn er nicht im Besitz belastbarer Zahlen wäre. Vor diesem Hintergrund dürfte allein die Pflicht zur Übermittlung der jeweiligen Umsatzsteuervoranmeldungen rechtlich bedenklich sein, so wie in Variante 1 vereinbart. Dass der Franchisenehmer zusätzlich zu den Monatsergebnissen auch das Jahresergebnis übermitteln soll, dient allenfalls einer zusätzlichen Kontrolle und einem Abgleich für beide Seiten.

Variante 1: Pflicht zur Übermittlung von Monatsergebnissen

1. *Der Franchisenehmer ist zu einer ordnungsgemäßen Buchhaltung nach den Rahmenvorgaben des Franchisegebers verpflichtet. Er hat für eine ordnungsgemäße digitale Übertragung der Monatsergebnisse bis zum 5. des nachfolgenden Monats Sorge zu tragen.*
2. *Der Franchisenehmer ist auch zur Übermittlung der monatlichen Umsatzsteuervoranmeldungen an den Franchisegeber verpflichtet.*

Variante 2: Übermittlungspflicht und Zweckbindung

1. *Der Franchisenehmer richtet seine Buchhaltung nach den Vorgaben des Franchisegebers ein. Die Monatsergebnisse sind dem Franchisegeber bis zum 5. des nachfolgenden Monats zu übermitteln.*
2. *Die wesentlichen Unterlagen des Jahresabschlusses (Einnahmen-/Überschussrechnung oder Bilanz) hat der Franchisenehmer dem Franchisegeber spätestens bis zum 31. Mai des darauf folgenden Jahres zu übermitteln.*
3. *Der Franchisegeber wird die übermittelten Daten ausschließlich anonym zum Zwecke von Betriebsvergleichen und anderer Statistiken, die der Abbildung der Entwicklung und der Wirtschaftlichkeit des Franchisesystems dienen, zu verwenden.*

2.31 Kundendaten und Datenschutz

Fast jeder Franchisegeber hat Interesse an den Daten der Kunden des Franchisenehmers. Hierbei ist jedoch eindringlich darauf hinzuweisen, dass entgegen der weit verbreiteten Annahme die Kundendaten niemals die Kundendaten des Franchisegebers, sondern immer die Kundendaten des Franchisenehmers sind. Denn der Franchisenehmer ist selbstständiger Unternehmer und somit auch Vertragspartner seiner Kunden. Jede Weitergabe von Kundendaten an eine dritte Person (und das ist hier der Franchisegeber im Verhältnis zum Kunden) ist grundsätzlich von einer ausdrücklichen und schriftlichen Zustimmung des Kunden abhängig. Daran ändert auch die im Jahr 2018 in Kraft getretene EU-Datenschutzgrundverordnung nichts, obwohl einige Formulierungen im Verordnungstext eine Privilegierung bestimmter Unternehmensverbände nahezulegen scheinen. Eine Übertragung der Kundendaten an den Franchisegeber zu Marketing- und Werbezwecken ist daher nur möglich, wenn der Kunde nach den Vorgaben der datenschutzrechtlichen Bestimmungen darin eingewilligt hat. Die konkrete Einigungserklärung muss sich auch auf die jeweils mit der Datenerhebung verbundenen Zwecke beziehen, sodass entsprechende Angaben in dem vom Kunden auszufüllenden Formular vorhanden sein müssen (Variante 1). Eine Übertragung der Kundendaten kann ausnahmsweise dann ohne ausdrückliche Einwilligung erlaubt sein, wenn sich deren Notwendigkeit zwingend aus dem konkreten Geschäftskonzept ergibt, beispielsweise weil in Kenntnis des Kunden bestimmte Waren direkt vom Franchisegeber an den Kunden geliefert werden müssen oder weil jeder Vertragsabschluss mit weiteren Zusatzleistungen, beispielsweise beratender Art, verbunden ist, die erkennbar nicht vom Franchisenehmer, sondern vom Franchisegeber geleistet werden. Einem solchen Fall dürfte die Regelung in Variante 3 genügen.

Eine weitere Möglichkeit, umfassend Kundendaten zu sammeln, besteht auch darin, eine Kundenkarte anzubieten, diese Kundenkarte aber ausdrücklich als Kundenkarte des Franchisegebers und nicht des Franchisenehmers auszugestalten. Dem Kunden muss also klar sein, dass Vertragspartner bezüglich der Kundenkarte nicht der Franchisenehmer, sondern der Franchisegeber ist (Variante 2).

Zum einen möchte der Franchisegeber viele Kundendaten haben, zum anderen möchte er sie aber auch möglicherweise nach Vertragsbeendigung wieder loswerden. Dies hat seinen Grund darin, dass zumindest in manchen Franchisesystemen, bei denen die Franchisenehmer ähnlich einem Handelsvertreter in ein Vertriebssystem des Franchisegebers eingegliedert sind, ein analoger Handelsvertreterausgleichsanspruch zugunsten des ausscheidenden Franchisenehmers für die neu geworbenen Kunden entstehen könnte, wenn der Franchisenehmer aufgrund vertraglicher Verpflichtung dem Franchisegeber die Kundendaten übertragen hat. Eine abschließende gerichtliche Entscheidung dazu, ob der Handelsvertreterausgleichsanspruchs nach § 89b HGB auf Franchisenehmer analog anzuwenden ist, gibt es zwar noch nicht, dennoch sollte diese Möglichkeit bei der Vertragsgestaltung in Betracht gezogen werden. Daher sieht Variante 3 vor, dass sich der Franchisegeber mit Vertragsbeendigung verpflichtet, die Kundendaten zu löschen.

Variante 1: Der Franchisenehmer übermittelt dem Franchisegeber Kundendaten aufgrund Einwilligungserklärung

1. *Der Franchisenehmer übermittelt dem Franchisegeber die Daten seiner Kunden, um landesweite gezielte Werbeaktionen durchführen und eventuell eintretende Garantiefälle abwickeln zu können.*
2. *Der Franchisenehmer ist verpflichtet, gemäß den geltenden Datenschutzbestimmungen die Einwilligung der Kunden zur Datenübermittlung an den Franchisegeber in schriftlicher und gesetzeskonformer Weise einzuholen.*

Variante 2: Erfassung der Kundendaten über System-Kundenkarte

Bestandteil des Franchisesystems ist die Bindung der Kunden durch die System-Kundenkarte. Der Franchisenehmer ist verpflichtet, im Laufe der Zeit sämtlichen Kunden eine Kundenkarte anzubieten. Dabei hat er die vom Franchisegeber zur Verfügung gestellten Antragsformulare zu verwenden, in denen unter anderem auch eine datenschutzrechtliche Zustimmungserklärung zur Datenübertragung enthalten ist.

Variante 3: Übertragung der Kundendaten und Verpflichtung zur Löschung

1. *Der Franchisenehmer überträgt dem Franchisegeber sämtliche Kundendaten zur Sicherstellung der ordnungsgemäßen Abwicklung aller Kundenaufträge. Die datenschutzrechtlichen Bestimmungen in ihrer jeweils gültigen Fassung sind dabei einzuhalten.*
2. *Der Franchisegeber verpflichtet sich, sämtliche Kundendaten mit Beendigung dieses Franchisevertrages zu löschen und nicht weiter zu verwenden.*

2.32 Verschwiegenheitsverpflichtung

Ein Franchisesystem lebt von der Besonderheit seines Geschäftsmodells, welches sich insbesondere in dem systemspezifischen Know-how widerspiegelt. Dieses Know-how wird im Allgemeinen als geheim bezeichnet, da es in wesentlichen Punkten nicht allgemein bekannt ist und somit einen konkreten Wettbewerbsvorteil gegenüber anderen Unternehmen außerhalb des Franchisesystems darstellt. Um diesen Wettbewerbsvorteil dauerhaft zu sichern und den besonderen Charakter des Franchisesystems zu erhalten, ist es notwendig, dieses geheime Know-how auch dauerhaft geheim zu halten. Somit ergibt sich eine Verschwiegenheitsverpflichtung im Grunde genommen schon aus dem Grundcharakter einer Franchisepartnerschaft. Dennoch kommt kein Franchisevertrag ohne eine Geheimhaltungsklausel aus. Auch bereits vor Abschluss des Vertrages im Rahmen der Einsichtnahme in das Franchisehandbuch ist zwingend der Abschluss einer Geheimhaltungsvereinbarung notwendig. Es lässt sich natürlich trefflich darüber streiten, welche der Systemvorgaben wirklich so besonders sind, dass sie nicht auch zum Grundbestand des Wissens der konkreten Branche und damit der Wettbewerber gehört. Daher ist es sinnvoll, allgemein bekanntes Wissen von der Verpflichtung zur Verschwiegenheit auszunehmen (Variante 3). Um die Verschwiegenheitsverpflichtung dauerhaft nicht ihrer Wirkung zu berauben, ist es ebenfalls erforderlich, sicherzustellen, dass der Franchisenehmer diese Verschwiegenheit auch nach Beendigung der Franchisepartnerschaft weiter wahrt und dass die Geheimhaltung derjenigen Kenntnisse, die im Rahmen des operativen Geschäfts zwingend auch Mitarbeitern, Lieferanten oder anderen unmittelbar mit dem Betrieb des Franchiseunternehmens in Kontakt kommenden Personen überlassen werden, ebenfalls durch Verschwiegenheitsvereinbarungen mit den betreffenden Personen sichergestellt wird. Ferner ist auch durch geeignete technischer Maßnahmen, wie z. B. die Vergabe jeweils gesonderter Zugangsdaten und Passwörter, sicherzustellen, dass die Mitarbeiter des Franchisenehmers nicht das gesamte Know-how aus dem Franchisehandbuch zur Kenntnis bekommen, sondern stets nur die Inhalte, die an dem konkreten Arbeitsplatz benötigt werden (vgl. Variante 1).

Ausgenommen von der Verschwiegenheitspflicht sind stets, wie es in Variante 1 auch ausdrücklich festgehalten ist, Konsultationen mit zur Berufsverschwiegenheit verpflichteten Personen, in aller Regel also vor allem Rechtsanwälte und Steuerberater.

Selbstverständlich stellt gerade der Verstoß gegen die Geheimhaltungspflicht einen besonders schwer wiegenden Vertragsverstoß dar, da er im Einzelfall den Bestand des gesamten Franchisesystems bedrohen kann. Daher sollte ein Verstoß gegen die Verschwiegenheitsvereinbarung stets in deutlicher Weise mit einer sehr hohen Vertragsstrafe bedroht werden. Dies kann unmittelbar im Rahmen derselben Klausel geschehen oder aber im Rahmen einer eigenen Vertragsstrafenklausel, die auch Verstöße gegen andere Vertragspflichten regelt.

Variante 1: Allgemeine Geheimhaltungsklausel

1. *Das systemspezifische Know-how des Franchisesystems unterliegt einer strengen Geheimhaltung gegenüber Wettbewerbern und gegenüber jedem Dritten. Der Franchisenehmer hat sicherzustellen, dass weder dieses, insbesondere im Franchisehandbuch dokumentierte Know-how noch andere interne Vorgänge in irgendeiner Weise nach außen dringen.*
2. *Der Franchisenehmer hat, unter anderem auch durch geeignete technische Maßnahmen, sicherzustellen, dass seine Mitarbeiter nur von denjenigen Bestandteilen des systemspezifischen Know-hows Kenntnis erlangen, die sie im Rahmen ihrer konkreten Arbeitstätigkeit benötigen.*
3. *Diese Geheimhaltungsverpflichtung gilt nicht gegenüber zur Berufsverschwiegenheit verpflichteten Personen.*

Variante 2: Geheimhaltungsklausel mit nachvertraglicher Fortwirkung

Der Franchisenehmer hat Stillschweigen zu bewahren über alle betriebsinternen Vorgänge, insbesondere über das systemspezifische Know-how. Diese Verschwiegenheitsverpflichtung dauert fort auch nach Beendigung dieses Franchisevertrages.

Variante 3: Geheimhaltungsklausel mit Verpflichtung auch gegenüber Mitarbeitern

1. *Das systemspezifische Know-how unterliegt ebenso wie andere schützenswerte Interna, die dem Franchisenehmer im Rahmen seiner Franchisepartnerschaft zur Kenntnis gelangt sind, einer strengen Geheimhaltung.*
2. *Eine entsprechende Geheimhaltungsverpflichtung hat der Franchisenehmer auch seinen Mitarbeitern und jedem Dritten, dessen er sich als Erfüllungs- oder Verrichtungsgehilfe bedient, aufzuerlegen, soweit diese im Rahmen des ordnungsgemäßen Geschäftsbetriebes zwingend von entsprechendem Know-how oder entsprechenden Vorgängen Kenntnis erlangen müssen.*
3. *Die Geheimhaltungspflicht gilt auch nach Beendigung der Franchisepartnerschaft.*
4. *Der Franchisenehmer ist nicht zur Geheimhaltung desjenigen Know-hows verpflichtet, welches allgemein bekannt ist oder zwischenzeitlich allgemein bekannt geworden ist, es sei denn das nachträgliche Bekanntwerden beruht auf einem Vertragsbruch des Franchisenehmers.*

2.33 Vertragliches Wettbewerbsverbot

Ein Franchisenehmer unterliegt während der Laufzeit eines Franchisevertrages in der Regel immer einem umfassenden Wettbewerbsverbot. Zum einen soll er sich mit voller Arbeitskraft und mit vollem Engagement dem Ausbau seines Franchisestandortes und der Mitarbeit beim Aufbau und bei der Stärkung der Franchisemarke widmen. Zum anderen dient das Wettbewerbsverbot aber auch dem Know-how-Schutz des Franchisesystems. Ein Wettbewerbsverbot während der Vertragslaufzeit wird daher allgemein als jedem Franchisevertrag immanent angesehen. Da es sich aufgrund der oben genannten Ziele quasi zwingend aus dem Wesen einer Franchisepartnerschaft ergibt, bedarf es noch nicht einmal einer vertraglichen Regelung. Obwohl Wettbewerbsverbote, die eine längere Dauer als fünf Jahre haben, kartellrechtlich in der Regel verboten sind, gilt insoweit für Franchisesysteme eine Ausnahme. Das Kartellverbot greift nicht, wenn das Wettbewerbsverbot für die Aufrechterhaltung des betreffenden Vertriebssystems wesensnotwendig ist.

Trotz alledem empfiehlt sich eine nähere Spezifizierung des Wettbewerbsverbotes im Franchisevertrag. Zum einen sollte klargestellt werden, dass dieses Wettbewerbsverbot nicht nur im Vertragsgebiet, sondern überall (also faktisch weltweit) gilt. Zum anderen empfiehlt sich, als Ausnahme vom Wettbewerbsverbot ausdrücklich eine Beteiligung beispielsweise an Aktiengesellschaften in geringfügigem Umfang zuzulassen (Variante 2). Denn wenn selbst der Erwerb von Aktien großer Konzerne, die ein Wettbewerbsunternehmen betreiben, verboten wäre, könnte dies einen unzulässigen Eingriff in die allgemeine Handlungsfreiheit bedeuten. Wenn ein Gericht zu einer solchen Ansicht käme, bestünde die Gefahr, dass die gesamte Klausel für unwirksam erklärt würde. Eine ausführliche Aufzählung aller verbotenen Beteiligungsvarianten und Engagements, so wie in Variante 2, hat allenfalls den Sinn, unnötige gerichtliche Streitigkeiten zu vermeiden. Des Weiteren sollte man vermeiden, darüber zu streiten, was überhaupt ein Wettbewerbsunternehmen ist. Somit kann es je nach Franchisesystem hilfreich sein, ein Wettbewerbsunternehmen näher zu definieren, so wie vorliegend in Variante 3. Gerade im Bereich der Gastronomie stellt sich immer die Frage, ob jeder Betrieb der Systemgastronomie ein Wettbewerbsunternehmen eines jeden anderen Systemgastronomen ist oder ob ein Wettbewerbsverhältnis nur zwischen den Anbietern gleichartiger Produkte besteht. Auch könnte darüber Streit entstehen, ob beispielsweise jeder Gastronom, der als Haupt- oder Nebenprodukt Kaffeespezialitäten anbietet, mit jedem anderen Gastronomen, der ebenfalls Kaffeespezialitäten anbietet, im Wettbewerb steht. Um gerade in der Gastronomie oder in vergleichbaren Branchen für Klarheit zu sorgen, empfiehlt sich eine spezifizierte Beschreibung dessen, was als Wettbewerbsunternehmen verstanden wird, oder aber eine Klarstellung, dass ausnahmslos der gesamte Bereich der Gastronomie umfasst sein soll. Gerade aufgrund der Verschiedenartigkeit der Branchen lässt sich eine pauschale Empfehlung, ob und was konkret definiert werden soll, nicht geben.

Variante 1: Allgemeines Wettbewerbsverbot
Der Franchisenehmer ist während der Laufzeit dieses Vertrages nicht berechtigt, zu dem Franchisegeber in Wettbewerb zu treten, indem er neben dem Betrieb des Franchise-Outlets ein Wettbewerbsunternehmen führt oder sich daran beteiligt oder für ein Wettbewerbsunternehmen arbeitet. Davon ausgenommen sind Minderheitsbeteiligungen an Kapitalgesellschaften, deren Umfang es nicht ermöglicht, entscheidend auf die Führung des Unternehmens einzuwirken.

Variante 2: Spezifiziertes Wettbewerbsverbot
Während der Dauer dieses Franchisevertrages unterliegt der Franchisenehmer einem umfassenden Wettbewerbsverbot. Er ist nicht berechtigt, direkt oder indirekt, mittelbar oder unmittelbar, entgeltlich oder unentgeltlich ein Wettbewerbsunternehmen zu gründen, zu unterstützen, sich daran zu beteiligen, es zu beraten oder es in irgendeiner anderen Weise zu fördern. Dieses Wettbewerbsverbot gilt innerhalb und außerhalb des in diesem Vertrag festgelegten Vertragsgebietes.

Variante 3: Wettbewerbsverbot, konkretisierend bzgl. Branche
1. *Der Franchisenehmer unterliegt während der Dauer des Franchisevertrages innerhalb und außerhalb seines Vertragsgebietes einem umfassenden Wettbewerbsverbot. Als Wettbewerbsunternehmen sind solche Unternehmen zu betrachten, die zumindest einen ihrer Schwerpunkte in der Zubereitung und im Verkauf von belegten Baguettes oder anderen belegten Backprodukten haben.*
2. *Der Franchisenehmer ist ferner nicht berechtigt, Arbeitnehmer des Franchisegebers oder anderer Franchisenehmer abzuwerben. Er darf ehemalige Mitarbeiter des Franchisegebers oder anderer Franchisenehmer nur einstellen, wenn deren Tätigkeit für den Franchisegeber oder den anderen Franchisenehmer zum Zeitpunkt des Arbeitsbeginns bereits seit mindestens sechs Monaten beendet war.*

- Der Franchisegeber will sicherstellen, dass das systemspezifische Know-how unabhängig von jeglicher Geheimhaltungsvereinbarung faktisch nicht schon während der Vertragslaufzeit in den Betrieb von Wettbewerbern fließt.

2.34 Nachvertragliches Wettbewerbsverbot

In vielen Franchiseverträgen befindet sich ein nachvertragliches Wettbewerbsverbot. Damit möchte der Franchisegeber in der Regel sicherstellen, dass der Franchisenehmer nicht unter einer anderen Marke das bisherige Vertragsgebiet weiter erfolgreich bearbeiten kann und ein möglicherweise neuer Franchisenehmer mit einem neuen Systembetrieb geringere Erfolgschancen hat. Solche nachvertraglichen Wettbewerbsverbote sind in der Regel aus kartellrechtlichen Gründen höchstens für die Dauer eines Jahres nach Vertragsbeendigung zulässig und dürfen sich nur auf das bisherige Vertragsgebiet des Franchisenehmers beziehen. Fehlen diese Beschränkungen oder werden räumlich umfassendere nachvertragliche Wettbewerbsverbot vereinbart, so droht eine Unwirksamkeit der gesamten Klausel.

Solche nachvertraglichen Wettbewerbsverbote haben jedoch für den Franchisegeber auch einen Nachteil. Er ist nämlich verpflichtet, dem Franchisenehmer für die Zeit, die dieser seinen Beruf an dem bisherigen Ort nicht weiter ausüben kann, eine entsprechende Entschädigung, eine sogenannte Karenzentschädigung zu zahlen. Da dies gesetzlich, im Rahmen einer analogen Anwendung von § 90a HGB, vorgeschrieben ist, gilt dies auch dann, wenn es nicht eigens in der betreffenden Vertragsklausel genannt wird, so zum Beispiel in Variante 1. Viele etablierte Franchisegeber verzichten daher von vornherein auf ein nachvertragliches Wettbewerbsverbot und vertrauen lieber auf die Stärke ihrer Marke.

Auch dann jedoch, wenn ein nachvertragliches Wettbewerbsverbot vereinbart wird, besteht für den Franchisegeber die Möglichkeit, vor Vertragsbeendigung darauf zu verzichten. Auch das gilt bereits von Gesetzes wegen, sodass die entsprechende Erwähnung in Variante 3 nur erläuternden Charakter hat und letztlich rechtlich überflüssig ist. Gleiches gilt für die Möglichkeit, sich im Falle einer berechtigten fristlosen Kündigung vom Wettbewerbsverbot loszusagen. Eine Lossagung vom Wettbewerbsverbot, sei es durch den Franchisegeber, sei es durch den Franchisenehmer, hat stets natürlich auch zur Folge, dass dann die Karenzentschädigung entfällt.

Vielfach wird in Franchiseverträgen auch noch genauestens dargelegt, was unter einem Wettbewerbsunternehmen zu verstehen ist. Eine solche Beschreibung schafft jedoch bisweilen eher rechtliche Probleme, als dass sie sie beseitigt. Das Wettbewerbsverbot darf sich sowieso immer nur auf das Betreiben eines echten Wettbewerbsunternehmens beziehen. Alles andere wäre eine unzulässige Einschränkung der Berufsfreiheit. Welche Art Unternehmen nun als im Wettbewerb stehend mit dem Gewerbe des betreffenden Franchisesystems anzusehen ist – darüber lässt sich trefflich streiten. Letztlich entscheidet dies sowieso immer ein Gericht, wenn es zu einer Auseinandersetzung kommt.

Variante 1: Kein nachvertragliches Wettbewerbsverbot
Ein nachvertragliches Wettbewerbsverbot wird nicht vereinbart.

Variante 2: Nachvertragliches Wettbewerbsverbot
Für den Zeitraum eines Jahres nach Vertragsbeendigung wird für das Vertragsgebiet des Franchisenehmers ein nachvertragliches Wettbewerbsverbot vereinbart.

Variante 3: Wettbewerbsverbot mit Erläuterung der Lossagungsmöglichkeiten
Das in § [...] vereinbarte Wettbewerbsverbot gilt für das Vertragsgebiet auch noch ein Jahr nach Vertragsbeendigung. Der Franchisegeber hat dem Franchisenehmer hierfür eine Entschädigung zu zahlen. Der Franchisegeber kann auf das Wettbewerbsverbot verzichten mit der Folge, dass er ab dem Zeitpunkt von sechs Monaten nach der Verzichtserklärung von der Verpflichtung zur einer Entschädigung frei wird. Kündigt ein Vertragspartner den Franchisevertrag aus wichtigem Grund wegen schuldhaften Verhaltens des anderen Teils, kann er sich durch schriftliche Erklärung innerhalb eines Monats nach Kündigung von dem Wettbewerbsverbot lossagen.

2.35 Internetpräsenz des Franchisenehmers

Kein zeitgemäßes Unternehmen kommt heute mehr ohne eine adäquate Internetpräsenz aus, schon gar nicht ein auf einer starken Marke basierendes Franchisesystem. Gerade die Einheitlichkeit der Markenpräsenz und die Einhaltung des jeweiligen Corporate Designs erfordert es, dass auch die Internetpräsenz des Franchisegebers und gegebenenfalls aller Franchisenehmer in einheitlicher Weise auf dem Markt erscheint. Sowohl um die unternehmerische Selbstständigkeit des Franchisenehmers nicht zu sehr einzuschränken als auch aus kartellrechtlichen Gründen besteht jedoch weitgehend Einigkeit, dass keinem Franchisenehmer eine eigene Internetpräsenz vollständig untersagt werden kann. Somit dürfte auch Variante 1 rechtlich nicht haltbar sein, selbst wenn ein jeder Franchisenehmer auf der Internetseite des Franchisegebers ausführlich und attraktiv präsentiert würde. Auch wenn es noch keine entsprechenden Urteile gibt, so dürfte doch die Klausel in Variante 2 je nach den weiteren Umständen des konkreten Falles rechtlich möglich sein. Zwar bleibt die Internetpräsenz des Franchisenehmers an die des Franchisegebers gebunden, es ist ihm jedoch gestattet, die konkrete Unterseite eigenständig mit Inhalt zu füllen. Eine völlige technische Unabhängigkeit von der Seite des Franchisegebers dürfte nicht erforderlich sein, da auch kein schützenswertes Interesse daran besteht, die Internetseite nach Ausscheiden aus dem System weiterbetreiben zu können. Gänzlich unproblematisch jedoch ist eine Regelung wie in Variante 3, bei der dem Franchisenehmer lediglich Vorgaben hinsichtlich der äußeren und inhaltlichen Gestaltung der Seite gemacht werden. Diese Vorgaben, welche im Administrationsmanual beschrieben sein sollten, sind zur Einhaltung des einheitlichen Systemauftritts zwingend notwendig. Welche Variante im Einzelfall gewählt wird, dürfte nicht zuletzt auch vom konkreten System und von der jeweiligen Branche abhängen.

Die zusätzliche Regelung im letzten Absatz von Variante 3 korreliert mit einem etwaigen Gebietsschutz der Franchisenehmer. Da es im Falle von Gebietsschutzvereinbarungen in den Franchiseverträgen in der Regel den einzelnen Franchisenehmern untersagt ist, aktives Marketing außerhalb des eigenen Vertragsgebietes zu betreiben, muss dies auch für die technische Ausrichtung der Internetseite gelten. Umgekehrt kann das Betreiben einer Internetseite nicht mit dem Verweis auf den Gebietsschutz anderer Franchisenehmer gänzlich untersagt werden, da eine Internetseite nun mal zwingend von überall her aufrufbar ist.

Variante 1: Einbindung des Franchisestandortes in die Internetseite

1. *Der Franchisegeber betreibt eine den heutigen technischen und wirtschaftlichen Anforderungen genügende Internetseite zur umfassenden Repräsentation des gesamten Franchisesystems sowie zur eingehenden Information potenzieller Kunden und des gesamten Marktes. Sämtliche Franchisenehmer werden im Rahmen dieser Internetpräsenz mit ihrem Standort und allen relevanten Daten aufgeführt und können von potenziellen Kunden gefunden werden.*
2. *Der Franchisenehmer selbst ist nicht berechtigt, eine zusätzliche weitere Internetseite im Hinblick auf sein Franchise-Outlet zu betreiben.*

Variante 2: Zentrale Internetseite mit personifiziertem Zugang zu Unterseite und Contentverpflichtung

1. *Der Franchisegeber betreibt eine umfassende Internetpräsenz, unter anderem mit jeweils einer Unterseite für jeden Franchisenehmer. Der Franchisenehmer erhält die Zugangsdaten für seine Unterseite und kann diese im Rahmen der Richtlinien, die sich detailliert aus dem Aministrationshandbuch ergeben, selbst gestalten.*
2. *Eine zusätzliche, völlig unabhängige eigene Internetseite darf der Franchisenehmer nicht betreiben.*

Variante 3: Eigene Standortwebseite nach Systemvorgaben

1. *Der Franchisegeber ist im Internet präsent. Auf seiner Homepage finden sich Hinweise auf alle Standorte des Franchisesystems.*
2. *Darüber hinaus darf der Franchisenehmer eine eigene Internetseite unterhalten. Er hat sich bei der äußeren Gestaltung und auch hinsichtlich der konkreten In-*

halte stets an die Vorgaben des Franchisegebers, die sich im Wesentlichen aus dem Franchisehandbuch ergeben, zu halten.

3. *Für den erstmaligen Launch der Internetseite hat der Franchisenehmer diese durch den Franchisegeber genehmigen zu lassen.*
4. *Der Franchisenehmer hat darüber hinaus jegliche technischen Maßnahmen zu unterlassen, die ein verstärktes und gezieltes Auffinden der Seite in Gebieten außerhalb seines eigenen Vertragsgebietes ermöglichen.*

2.36 Social Media

Neben der regulären Internetseite ist auch das Social-Media-Marketing aus dem heutigen Wirtschaftsleben nicht mehr wegzudenken, sodass fast alle Franchisesysteme eigene Facebook-Seiten und gegebenenfalls Twitter-Accounts, Instagram und vieles andere mehr haben. Auch hierbei stellt sich wiederum die Frage, inwieweit es dem Franchisenehmer untersagt werden kann, für seinen konkreten Standort eigene Seiten zu erstellen und zu betreiben. Dabei sind wiederum zwei unverrückbare Prämissen zu beachten. Zum einen ist es das unabweisbare Interesse des Franchisegebers, dass jeglicher Auftritt im Internet, sei es im Rahmen einer Homepage, sei es im Rahmen einer Social-Media-Präsenz, sowohl von der äußeren Gestaltung her als auch vom Inhalt der Postings her dem Geist und der Corporate Identity der Franchisemarke entspricht. Zum anderen ist es aus allgemeinen zivilrechtlichen und insbesondere kartellrechtlichen Gründen nicht erlaubt, dem Franchisenehmer als selbstständigem Unternehmer Marketing per Internet zu verbieten. Auch wenn insoweit noch keine ober- oder gar höchstrichterlichen Entscheidungen bekannt sind, dürfte daher ein vollständiges Verbot, Social-Media-Seiten im Rahmen der Franchisepartnerschaft zu führen, unwirksam sein. Dies dürfte sich auch nicht gänzlich ändern angesichts der im Jahre 2022 erfolgten Novellierung der EU-Vertikal-GVO. Gemäß deren Leitlinien sind nämlich Verbote bestimmter Marketingaktivitäten im Internet nur noch insoweit unzulässig, als sie den Franchisenehmer insgesamt bei einer effektiven Nutzung des Internet einschränken. Eine Regelung wie in Variante 2 ist dennoch weiterhin nicht zu empfehlen. Es ist jedoch nur schwer vorhersehbar, welche Einschränkungen rechtlich von den Gerichten noch als zulässig erachtet werden. Daher erfordert es sowohl bei der entsprechenden Vertragsgestaltung als auch bei der operativen Umsetzung besonderes Fingerspitzengefühl. Rechtlich unproblematisch dürfte es auf jeden Fall sein, einen Modus zu wählen, bei dem einerseits die äußere Gestaltung, beispielsweise der Facebook-Seite, streng vorgegeben ist (sei es aufgrund der Erstellung durch den Franchisegeber selbst (Variante 3), sei es aufgrund der genauen Vorgaben der Social-Media-Guidelines (Variante 1)), bei dem andererseits aber der Franchisenehmer die jeweiligen Inhalte und Postings im Rahmen der Vorgaben des Franchisegebers frei bestimmen kann.

In jedem Falle aber, sowohl bei Internetseiten, als auch bei Social-Media-Seiten, ist stets genau zu prüfen, inwieweit der Franchisegeber und inwieweit der Franchisenehmer als Verantwortlicher i.S.d. Telemediengesetzes zu betrachten ist, und wer in welcher Form im Impressum der jeweiligen Seite oder Unterseite genannt wird.

Variante 1: Verpflichtung zu eigenen Social-Media-Aktivitäten
Angesichts der überragenden Bedeutung des Social-Media-Marketings ist der Franchisenehmer verpflichtet, sein Unternehmen unter der Franchisemarke in den gängigen Social Media, mindestens jedoch auf Facebook, zu präsentieren. Hinsichtlich der Gestaltung und der zulässigen Inhalte hat er dabei die sich aus dem Franchisehandbuch und dem Administrationshandbuch ergebenden Social-Media-Guidelines zu beachten.

Variante 2: Einheitliche Facebook-Accounts für jeden Franchisestandort durch den Franchisegeber
Der Franchisegeber betreibt individualisierte Facebook-Accounts für jeden Franchisestandort. Darüber hinaus ist der Franchisenehmer selbst nicht berechtigt, die Marke des Franchisegebers bei der Einrichtung eigener Social-Media-Accounts zu nutzen.

Variante 3: Individuelle Facebook-Accounts für jeden Franchisestandort durch den Franchisenehmer
1. *Der Franchisenehmer ist nicht berechtigt, eigene Social-Media-Accounts unter der Marke des Franchisesystems einzurichten.*
2. *Der Franchisegeber jedoch stellt dem Franchisenehmer bei Facebook und Instagram eine eigene von ihm eingerichtete Seite zur Verfügung, die der Franchisenehmer nach eigenem pflichtgemäßen Ermessen und unter Beachtung der Social-Media-Guidelines des Franchisegebers betreibt.*

▶ **Tipp** Wer überwacht die Inhalte und den Markenauftritt? Das ist eine von vielen Fragen, welche der Franchisegeber im Vorfeld klären sollte! In der heutigen Zeit ist das Internet als Markenbotschafter nicht mehr wegzudenken. Und genau dies wird von sehr vielen Unternehmen nicht richtig ausgenutzt.

Berichte von Aktionen können von Franchisenehmern je Standort zum Inhalt von Webseiten gemacht werden. Die Marke wird in der Systemkette kommuniziert und erhält durch viele Presseakteure, in diesem Buch Franchisenehmer genannt, ein starkes Kommunikationsmittel, um ihre Aktivitäten zum Kunden zu transferieren. Die vorgegebene Programmierung der Webseite ist ausschlaggebend für eine gleichmäßige, hochwertige Qualität.

▶ **Tipp** Die meisten Fehler in der Markenpositionierung im Internet:

- Webseite ist billig programmiert, keine oder wenig Lesbarkeit im Netz
- keine standortbezogene Webseite mit eigenem Content Zugang im Webseiten-Backend
- keine Contentverantwortung beim Franchisenehmer
- keine Prozessstruktur als Nutzungsvorgabe für Franchisenehmer
- keine rechtlich abgeklärte Nutzungsvereinbarung bzgl. der standortbezogenen Webseite
- keine einheitliche Programmierung
- Franchisegeber ohne Kontrollprozess
- Webseiten-Inhalt wird nicht von den Suchmaschinen gefunden

Fallstrick
Es liegt zwar eine Prozessstruktur für die Nutzung der standortbezogenen Webseite vor, jedoch ist dem Franchisenehmer die Haftung seines Handelns nicht bewusst. Ihm sollte bewusst sein, dass er durch eine falsche Contentführung nicht nur seinen Standort negativ darstellen kann, sondern das gesamte System mit einbindet. Webseiten-Inhalte können durch Programme jahrelang rückwirkend aufgerufen werden. Inhalte verschwinden nicht einfach im Netz, auch wenn man diese vorsorglich löscht!

Eine perfekte Organisation zum Betreiben der Webseite ist die Basis für den langfristigen Erfolg im Internet. Jedoch möchten wir besonders darauf hinweisen, dass eine zusätzliche Nutzungsvereinbarung mit dem Franchisenehmer abgeschlossen werden sollte, in der die Haftung des Franchisenehmers eindeutig geklärt ist.

2.37 Vertragsstrafe

Die Vereinbarung von Vertragsstrafen ist im Wirtschaftsrecht gang und gäbe. Sie erspart der jeweils berechtigten Vertragspartei den häufig mühsamen, manchmal nahezu unmöglichen Versuch, im Falle eines Vertragsverstoßes den konkret entstandenen wirtschaftlichen Schaden exakt zu berechnen und zu beweisen. Wer kann schon berechnen und nachweisen, welcher wirtschaftliche Schaden auf den Euro genau entsteht, wenn eine andere Person widerrechtlich eine bestimmte Marke nutzt? Grundregel bei der Vereinbarung von Vertragsstrafen ist jedoch, dass die Höhe der jeweiligen Vertragsstrafe in einem angemessenen Verhältnis zur Schwere des konkreten Vertragsverstoßes stehen muss. Daher sind Formulierungen bedenklich, bei denen für jede Art von Vertragsverletzung dieselbe Vertragsstrafe vereinbart wird, so wie hier in Variante 1. Als gängige Praxis hat sich herauskristallisiert, für bestimmte Arten von Vertragsverletzungen bestimmte Vertragsstrafen vertraglich als von beiden Parteien als angemessen betrachtet zu vereinbaren (Variante 3). Grundsätzlich muss es jedoch immer möglich bleiben, dass im Einzelfall ein Gericht die Höhe einer Vertragsstrafe abschließend überprüfen kann, denn stets gibt es selbst bei typisierten Verstoßkategorien immer wieder Ausreißer nach oben und unten, die ausnahmsweise eine deutlich niedrigere oder höhere Vertragsstrafe als angemessen erscheinen lassen. Da es aber im Einzelfall auch sein kann, dass ein ganz konkreter Schaden nachgewiesen werden kann, so besteht vonseiten des Franchisegebers ein Interesse, auch solche Fälle abzudecken. Daher werden Vertragsstrafenklauseln fast immer mit Schadensersatzklauseln verbunden, die ausdrücklich regeln, dass unabhängig von der Vertragsstrafe auch ein konkreter Schadensersatz geltend gemacht werden kann. Diese Klauseln jedoch werden in der Regel als unwirksam betrachtet, wenn sie nicht ausdrücklich vorsehen, dass die konkrete Vertragsstrafe auf den berechneten Schaden anzurechnen ist. Denn die Doppelung von Vertragsstrafe und vollem Schadenersatz würde den Franchisenehmer unangemessen benachteiligen.

Variante 1: Einheitliche Vertragsstrafe mit festem Betrag

1. *Verstößt der Franchisenehmer schuldhaft gegen eine vertragliche Verpflichtung, so hat er für jede einzelne Zuwiderhandlung eine Vertragsstrafe in Höhe von 5000 € zu zahlen.*
2. *Wird bei dauerhaften Verstößen das vertragswidrige Verhalten nicht umgehend eingestellt, so kann eine erneute Vertragsstrafe vom Franchisegeber festgesetzt werden.*

Variante 2: Vertragsstrafe nach billigem Ermessen

1. *Verstößt der Franchisenehmer gegen wesentliche vertragliche Verpflichtungen schuldhaft, so hat er eine Vertragsstrafe zu zahlen, die der Franchisegeber nach billigem Ermessen festsetzt, deren Höhe jedoch von dem zuständigen Gericht überprüft werden kann.*
2. *Etwaige Schadensersatzansprüche des Franchisegebers bleiben davon unberührt, jedoch wird die zu zahlende Vertragssprache auf einen Schadensersatzanspruch angerechnet.*

Variante 3: Vertragsstrafen, in festgelegter Höhe je nach Art des Verstoßes

1. *Verstößt der Franchisenehmer gegen die nachfolgend aufgeführten vertraglichen Verpflichtungen, so verwirkt er die ebenfalls nachfolgend aufgeführten Vertragsstrafen, deren Höhe jedoch im Einzelfall von dem zuständigen Gericht überprüft werden kann:*
   - *Verstoß gegen das vertragliche Wettbewerbsverbot: 30.000 €*
   - *Verstoß gegen die Geheimhaltungsverpflichtung: 20.000 €*
   - *Verstoß gegen die Regelungen hinsichtlich der Markennutzung: 15.000 €*
   - *Verstoß gegen sonstige vertragliche Verpflichtungen: 10.000 €*
2. *Unabhängig davon stehen dem Franchisegeber jedoch gegebenenfalls Schadensersatzansprüche, auf die eine etwaig verwirkte Vertragsstrafe anzurechnen ist, Unterlassungsansprüche, Auskunftsansprüche und Kündigungsrechte nach den sonstigen gesetzlichen und vertraglichen Vorschriften zu.*

► Im internationalen Kontext ist zu beachten, dass es Rechtssysteme gibt, die sehr viel höhere Anforderungen an die Wirksamkeit von Vertragsstrafenklauseln und ähnlichen Regelungen stellen, als es bereits in Deutschland der Fall ist.

2.38 Vertragslaufzeit

Typische Laufzeiten für Franchiseverträge sind drei, fünf, zehn oder sogar teilweise 20 Jahre. Rechtlich auf der sicheren Seite ist man in der Regel zumindest bei fünf- oder zehnjähriger Laufzeit, je nach Investitionsvolumen, welches der Franchisenehmer erbringen muss. Denn eins muss bei einer durchschnittlichen bzw. typischen wirtschaftlichen Performance auf jeden Fall gewährleistet sein: eine vollständige Amortisation der vom Franchisenehmer getätigten Investitionen während der regulären Vertragslaufzeit. Stehen auf Seiten des Franchisenehmers die Interessen einer langfristigen Existenzsicherung einerseits und einer möglichst baldigen Beendigungsmöglichkeit bei Misserfolg andererseits zur Diskussion, so möchte sich der Franchisegeber einerseits alsbald von einem unbequemen Franchisenehmer lösen können, andererseits aber auch einen gut laufenden Standort nicht allzu schnell wieder neu besetzen müssen. Unterschiedliche Optionsmodelle variieren die meist fix vereinbarten Vertragslaufzeiten, sodass in der Regel zumindest der wirtschaftlich schwächere Partner nach Ablauf einer bestimmten Zeit frei entscheiden kann, ob er den Standort für weitere Jahre betreiben möchte. Regelungen, dass vor Ablauf der Vertragslaufzeit lediglich Verhandlungen über einen neuen Vertrag aufgenommen werden, sind bloße Absichtserklärungen und binden den Franchisegeber höchstens in absoluten Ausnahmefällen, wenn ein gegenteiliges Verhalten sich als rechtsmissbräuchlich herausstellen sollte. Ergänzt werden solche Optionsklauseln häufig dadurch, dass eine Verlängerung nur unter der Bedingung zustande kommt, dass der zum entsprechenden Zeitpunkt allgemein gültige Franchisevertrag abgeschlossen wird. Hintergrund ist der Wunsch des Franchisegebers, stets möglichst einheitliche Verträge mit allen Franchisenehmern abzuschließen.

Variante 1: Feste Laufzeit mit einmaliger Verlängerung und auslaufendem Gebietsschutz
Dieser Vertrag wird für die Dauer von fünf Jahren fest abgeschlossen. Nach Ablauf der Vertragslaufzeit verlängert er sich einmalig um weitere fünf Jahre, wenn er nicht durch einen der Vertragspartner sechs Monate vor Ablauf gekündigt wird. In den letzten sechs Monaten vor Beendigung der zweiten Fünf-Jahres-Periode hat der Franchisegeber das Recht, im Vertragsgebiet weitere Franchisen zu vergeben oder selbst Systembetriebe zu eröffnen.

Variante 2: Feste Laufzeit mit einseitiger Verlängerungsoption im Falle der Vertragstreue
Dieser Vertrag wird für die Dauer von fünf Jahren fest abgeschlossen. Verstößt der Franchisenehmer nicht gegen wesentliche Vertragspflichten, so hat er zum Ende der regulären Vertragslaufzeit die einmalige Möglichkeit, den Vertrag um weitere drei Jahre zu verlängern. Dieses Optionsrecht ist durch den Franchisenehmer vier Monate vor Ablauf der regulären Vertragslaufzeit durch schriftliche Anzeige gegenüber dem Franchisegeber auszuüben.

Variante 3: Feste Laufzeit mit Absichtserklärung bzgl. Neuabschluss
Dieser Vertrag wird für die Dauer von zehn Jahren fest abgeschlossen. Sechs Monate vor Ablauf der Vertragslaufzeit werden die Parteien über einen Anschlussvertrag zu den dann allgemein im Rahmen des Franchisesystems gültigen Vertragsbedingungen in Verhandlungen treten.

► **Tipp** Bei der Festlegung der Vertragslaufzeit sollten auch folgende Themen im Administrationsmanual zum Franchisevertrag ausgearbeitet werden (vgl. auch Abb. 2.5):

- Außerordentliche Kündigungsgründe
- Ablauf des Mietvertrages

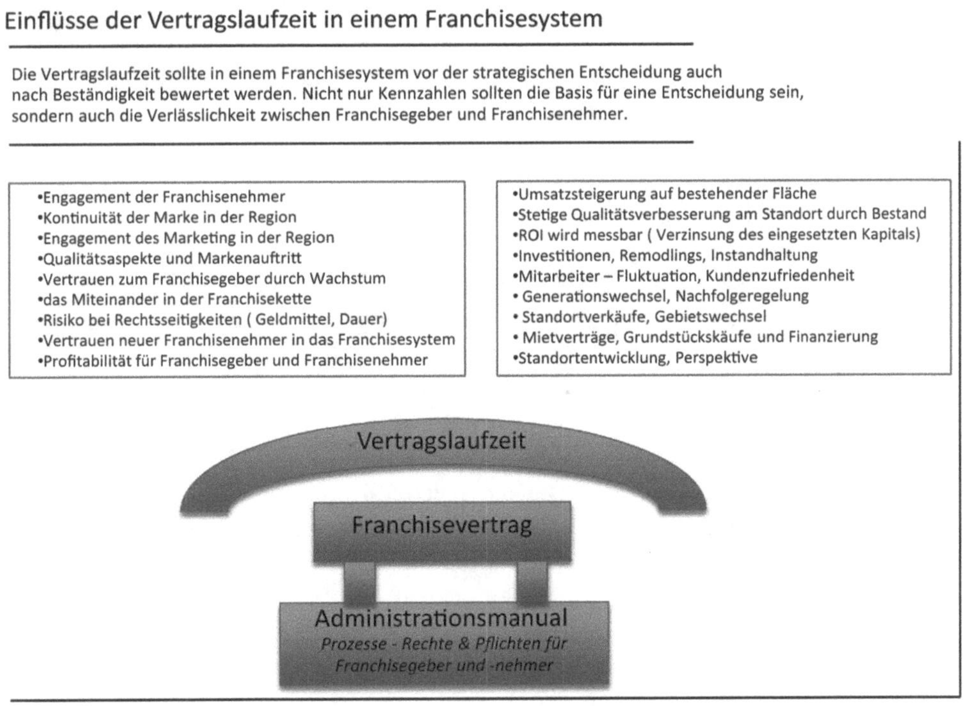

Abb. 2.5 Einflüsse der Vertragslaufzeit in einem Franchisesystem

- Tod des Franchisenehmers
- Verkauf des Franchisestandortes
- Insolvenz
- Umzug an einen anderen Standort
- Verlagerung in eine andere Region
- Zerstörung des Standortes; Feuer, höhere Gewalt
- Vorstrafen, Krankheit, Entzug öffentlich-rechtlicher Genehmigungen

Fallstrick
Die Dauer der Laufzeit eines Franchisevertrages ist stets ein ambivalentes Thema. Sowohl eine zu kurze als auch eine zu lange Laufzeit können für beide Vertragspartner nachteilige Auswirkungen haben. Vor diesem Hintergrund ist es bis zum heutigen Tage nicht endgültig von der Rechtsprechung geklärt, unter welchen Umständen welche Vertragslaufzeiten zulässig sind. Gerade die Höhe der Investitionen sind maßgebend für die Vertragslaufzeit, aber auch das Franchisemodell selbst.

Der Franchisenehmer ist, mag sein Geschäft noch so schlecht laufen, für eine fixe Zeit vertraglich verpflichtet, sein Franchise-Outlet zu betreiben, mag es ihn nun zum

Erfolg führen oder mag es ihn in die Insolvenz treiben. Mangelnde wirtschaftliche Potenz ist in der Regel nie ein anerkannter außerordentlicher Kündigungsgrund. Ebenso ist ein schlecht betriebener Standort durch einen nicht talentierten oder in negative Kritik geratenen Franchisepartner ein großer Schaden für die Franchisemarke und alle Franchisenehmer.

Umgekehrt können aber auch zu kurze Laufzeiten wirtschaftlich fatale Folgen haben, muss doch der Franchisenehmer in mehr oder weniger erheblichem Maße in seine neue Existenz investieren. Selten kommt es vor, dass ein Franchisevertrag ohne feste Laufzeit abgeschlossen wird und somit jederzeit kündbar ist. Dies würde auch das Engagement und die Investitionsfreude des Franchisenehmers einschränken, da die finanzielle Sicherheit anhand der Investitionen im Verhältnis zur Laufzeit fehlt.

Häufiger schon findet man die Variante, dass der Vertrag nach Ablauf der Festlaufzeit in einen unbefristeten, von beiden Seiten frei kündbaren Vertrag übergeht.

Inhalte Administrationsmanual: Richtlinien zur Vertragsverlängerung, wobei die Ausübung von Optionen klar definiert wird. Die Prozessbeschreibung sollte auch die Messparameter, Anforderungen, Zeitrahmen und das Bewertungssystem enthalten. Regelwerke werden so in deren Umsetzung unterstützt, der Franchisenehmer hat eine klare Zielsetzung. Somit ergibt sich für Franchisegeber und Franchisenehmer eine Win-Win-Situation.

Weitere Inhalte: Vertragsverlängerung, Vertragsübergang in die Erbengeneration, Vertragsverstöße, Unterstützungsprozesse bei geschäftlichen Schwierigkeiten, Bewertungsmethoden bei Rückkäufen von Inventar, Gebietsrechte, Unternehmensverkäufe, sonstige Kriterien, welche die Vertragslaufzeit beeinflussen oder bestimmen.

2.39 Außerordentliche Kündigung

Da es bei den meisten Franchisesystemen üblich ist, eine feste Vertragslaufzeit zu vereinbaren mit der Folge, dass der Vertrag unter normalen Umständen zwischenzeitlich nicht gekündigt werden kann, beinhalten die meisten Franchiseverträge eine Klausel hinsichtlich der Möglichkeit einer außerordentlichen Kündigung. Diese Klausel ist rein rechtlich betrachtet jedoch oft nur von untergeordneter Bedeutung. Denn jedes Dauerschuldverhältnis, also jede Vertragsbeziehung, die sich nicht nur auf den einmaligen Austausch von Leistungen beschränkt, sondern für einen längeren Zeitraum gelebt wird, muss man grundsätzlich fristlos kündigen können. Dies ergibt sich für die meisten Verträge aus § 314 BGB. Diese Vorschrift kann auch nicht im Rahmen von individuellen Vereinbarungen oder Allgemeinen Geschäftsbedingungen ausgeschlossen werden. Kein Vertragspartner soll an den anderen Vertragspartner gebunden bleiben, wenn die Vertragsfortführung völlig unzumutbar ist. Die entsprechenden Regelungen in einem Franchisevertrag geben oftmals nur das wieder, was von Gesetzes wegen sowieso gelten würde. Teilweise dienen diese Klauseln allerdings der leichten Modifizierung und der Klarstellung. So findet sich in vielen Verträgen ein ausführlicher Katalog mit Gründen, die zur fristlosen Kündigung berechtigen sollen. Da von der gesetzlichen Regelung jedoch nicht abgewichen werden darf, handelt es sich bei dieser Auflistung immer nur um beispielhafte Kündigungsgründe. Es ist in der juristischen Literatur umstritten, ob diese in dem Vertrag ausdrücklich genannten Gründe dann auf jeden Fall zur fristlosen Kündigung berechtigen sollen oder ob auch in solchen Fällen im Zweifel immer ein Gericht über die Frage der Unzumutbarkeit der Vertragsfortsetzung unter Abwägung der beiderseitigen Interessen entscheiden muss. Einig ist man sich darüber, dass dann, wenn ein Verstoß vorliegt, der in diesen Kündigungskatalogen aufgeführt wurde, zumindest eine große Wahrscheinlichkeit dafür spricht, dass die Vertragsfortführung zumindest deshalb unzumutbar ist, weil sich beide Vertragspartner ja schließlich angesichts der vertraglichen Vereinbarung über die Wichtigkeit des entsprechenden Grundes einig waren. Das Kriterium der Unzumutbarkeit beinhaltet immer auch ein erhebliches subjektives Element, welches daher von den Vertragspartnern vorab im Vertrag konkretisiert werden kann.

Wenn es sich um Gründe handelt, die theoretisch von der einen Vertragspartei wieder abgestellt werden könnten, so ist diesem Vertragsteil in der Regel auch die Möglichkeit dazu zu geben. Daher muss einer fristlosen Kündigung in der Regel immer eine Abmahnung vorausgehen, es sei denn, der Kündigungsgrund ist durch Anstrengungen der betreffenden Partei nicht zu beseitigen oder er ist so schwerwiegend, dass bereits schon das Abwarten nach einer Abmahnung unzumutbar erscheint.

Wenn man schon in einem Franchisevertrag zahlreiche Beispielgründe für eine fristlose Kündigung aufführt, so sollte man dies zumindest aus „kosmetischen" bzw. psychologischen Gründen auch für beide Vertragspartner vorsehen. Es macht keinen guten Eindruck, wenn von vornherein der Anschein erweckt wird, als könne nur der Franchisenehmer Vertragsverstöße begehen.

Die in Variante 3 vorgesehenen beiden Modifizierungen sind speziell für Franchiseverträge mit mehreren Personen auf Franchisenehmerseite von Interesse. Aufgrund der partnerschaftlichen Verbundenheit muss sich ein Franchisenehmer auch dann mit einer fristlosen Kündigung abfinden, wenn nur der andere Franchisenehmer, mit dem er gemeinsam den Vertrag unterzeichnet hat, Vertragsverstöße begeht. Des Weiteren wird ebenfalls in Variante 3 klargestellt, dass erhebliche Vertragsverstöße, die in einem Fehlverhalten des Franchisenehmers bestehen, nicht nur zu einer fristlosen Kündigung desjenigen Franchisevertrages berechtigen, in dessen Rahmen der Vertragsverstoß vorgefallen ist, sondern auch zur fristlosen Kündigung eventueller weiterer Franchiseverträge mit demselben Franchisenehmer. Auch dies jedoch versteht sich im Grunde genommen von selbst, denn ein erschüttertes Vertrauensverhältnis kann nicht isoliert auf ein einzelnes Geschäft bezogen werden. Vertrauen oder verloren gegangenes Vertrauen bezieht sich immer auf die jeweilige Person.

Variante 1: Allgemeine Klausel zur fristlosen Kündigung

1. *Unabhängig von der fest vereinbarten Laufzeit dieses Vertrages kann jede Vertragspartei den Vertrag aus wichtigem Grund außerordentlich und fristlos kündigen.*
2. *Ein wichtiger Grund gemäß § 314 BGB liegt vor, wenn es für den kündigenden Vertragspartner unter Berücksichtigung aller Umstände, insbesondere auch unter Berücksichtigung des Verschuldens des anderen Teils, nicht mehr zumutbar ist, an dem Vertrag bis zum regulären Vertragsende festzuhalten.*
3. *Eine fristlose Kündigung ist in der Regel nur möglich, wenn der kündigende Vertragspartner dem anderen Teil vorher eine schriftliche Abmahnung erteilt hat, um ihm die Möglichkeit einzuräumen, etwaige Vertragsverstöße abzustellen. Eine fristlose Kündigung ist nach einer solchen Abmahnung lediglich innerhalb von zwei Monaten möglich.*
4. *Kündigung und Abmahnung haben stets in Schriftform und per eingeschriebenem Brief zu erfolgen.*

Variante 2: Fristlose Kündigung mit Beispielkatalog

1. *Beide Vertragspartner können diesen Franchisevertrag gemäß § 314 BGB aus wichtigem Grund fristlos kündigen.*
2. *Als wichtiger Grund aufseiten des Franchisegebers gilt insbesondere:*
   - *wenn der Franchisenehmer mit mehr als zwei Monatszahlungen Franchisegebühren in Verzug ist*
   - *wenn der Franchisenehmer die eidesstattliche Versicherung abgegeben hat*
   - *wenn über das Vermögen des Franchisenehmers ein Insolvenzverfahren eröffnet wurde*
   - *wenn der Franchisenehmer in schuldhafter Weise gegen das Wettbewerbsverbot verstoßen hat*
   - *wenn der Franchisenehmer in anderem als im Zusammenhang mit diesen Franchisesystem die Marke des Franchisegebers genutzt hat*
   - *wenn der Franchisenehmer trotz Abmahnung Verstöße gegen diesen Franchisevertrag nicht eingestellt hat*
3. *Als wichtiger Grund aufseiten des Franchisenehmers gilt insbesondere:*
   - *wenn über das Vermögen des Franchisegebers das Insolvenzverfahren eröffnet wurde*

Variante 3: Fristlose Kündigung bei mehreren Franchisenehmern oder mehreren Standorten

1. *Jeder Vertragspartner kann diesen Franchisevertrag ohne Frist außerordentlich kündigen, wenn ihm gemäß § 314 BGB das Festhalten am Vertragsverhältnis bis zu seiner regulären Beendigung nicht zumutbar ist.*
2. *Sind auf Franchisenehmerseite zwei oder mehr Personen als Vertragspartner beteiligt, so kann der Franchisegeber diesen Vertrag bereits dann fristlos kündigen, wenn zur Kündigung berechtigende Vertragsverstöße lediglich durch einen der Franchisenehmer begangen wurden.*
3. *Hat der Franchisegeber mit dem Franchisenehmer mehrere Franchiseverträge für verschiedene Standorte abgeschlossen, so kann er alle Verträge fristlos kündigen, sofern sich der Kündigungsgrund aus einem schuldhaften Verhalten oder aus der Person des Franchisenehmers ergibt.*

▶ Obwohl die Bedeutung der meisten Regelungen bezüglich einer fristlosen Kündigung rechtlich ambivalent ist, empfiehlt sich zur Klarstellung und zur Schaffung eines entsprechenden Bewusstseins eine Verankerung dieser Beendigungsmöglichkeit im Vertrag.

2.40 Tod des Franchisenehmers

Auch wenn es nicht die Regel ist, dass ein Franchisenehmer während der Vertragslaufzeit verstirbt, so finden sich dennoch entsprechende Regelungen in vielen Franchiseverträgen. Bei allen diesen Varianten bzw. bei allen auf dem Markt tatsächlich vorkommenden Verträgen muss man jedoch eines beachten. Grundsätzlich ist es so, dass der oder die Erben eines Verstorbenen mit allen Rechten und Pflichten automatisch mit dem Zeitpunkt des Todes in die rechtliche Position des Verstorbenen eintreten. Das nennt man Gesamtrechtsnachfolge (§ 1922 BGB). Ausnahmen bilden sogenannte höchstpersönliche Rechtsverhältnisse. Beispielsweise ist es klar, dass die Ehefrau eines Verstorbenen nicht plötzlich nach dessen Tod mit den Erben verheiratet ist. Dieser Fall ist offensichtlich, doch gibt es auch verschiedene andere Vertragsverhältnisse, die als so sehr personenbezogen angesehen werden, dass sie nicht automatisch auf die Erben übergehen. Da das Franchiserecht in Deutschland nicht gesetzlich geregelt ist, gibt es zwar keine entsprechende Vorschrift, dennoch sind sich die meisten Juristen einig, dass ein Franchisevertrag ein solch höchstpersönlicher Vertrag ist, der automatisch mit dem Tod des Franchisenehmers endet. Obwohl dies noch kein Oberlandesgericht (und schon gar nicht der Bundesgerichtshof) endgültig entschieden hat, gehen wir im Folgenden einmal davon aus, dass dem so ist. Wenn aber ein Franchisevertrag automatisch mit dem Tod des Franchisenehmers endet, so kann es im Franchisevertrag keine Regelung geben, die das Gegenteil bestimmt. Denn dann würden schließlich Franchisegeber und Franchisenehmer vereinbaren, dass die zukünftigen Erben des Franchisenehmers bestimmte Pflichten übernehmen sollen, die ihnen von Gesetzes wegen nicht zukommen würden. Das wäre dann ein sogenannter unzulässiger Vertrag zulasten Dritter.

Alle den Tod des Franchisenehmers betreffenden Regelungen sind daher letztlich im Wesentlichen nur Absichtserklärungen, die ein bisschen die Richtung weisen sollen, wie es möglicherweise weitergehen könnte. Rechtlich verbindlich und damit gerichtlich durchsetzbar kann das meiste dieser Regelungen aus den oben genannten Gründen nicht sein. Somit orientieren sich die verschiedenen Klauseln eher an dem, was möglicherweise den tatsächlichen rechtlichen und wirtschaftlichen Interessen des Franchisegebers und der Erben entsprechen könnte. So ist es beispielsweise durchaus sinnvoll, dass nach dem Tod des Franchisenehmers zunächst der Franchisegeber selbst die Verwaltung des Betriebes übernimmt, weil die Erben häufig ja gar keine Ahnung von der konkreten Materie haben. Wenn sich dann herausstellt, dass die Erben das Unternehmen weiterführen möchten und dass auch der Franchisegeber sich eine weitere Zusammenarbeit vorstellen kann, so wird es dann zum Abschluss eines neuen Franchisevertrags mit den Erben kommen. Diesen Weg weist insbesondere die unten aufgeführte Variante 3.

Wenn es nicht zu einem neuen Franchisevertrag mit den Erben kommt, so ist es in vielen Fällen sinnvoll, dass der Franchisegeber selbst oder ein neuer anderer Franchisenehmer den Betrieb übernimmt. Das versucht Variante 2 zu regeln. Auch diese Variante ist jedoch letztlich rechtlich unwirksam, weil ja im Gegensatz zum Franchisevertrag das Unternehmen als solches sehr wohl auf die Erben übergeht. Eine Verpflichtung der Erben, das Unternehmen zu verkaufen, können jedoch der Franchisenehmer oder der Franchisegeber vorab nicht rechtlich wirksam vereinbaren, weil dies wiederum ein unzulässiger Vertrag zulasten Dritter wäre.

All dies zeigt, dass es rechtlich äußerst problematisch ist, irgendwelche Regelungen für den Fall des Todes des Franchisenehmers zu treffen. Dies soll jedoch keineswegs heißen, dass solche Regelungen nicht zumindest sinnvoll sein können, um ein konkretes Vorgehen, welches Franchisegeber und Franchisenehmer als sinnvoll erachten, vorab zu skizzieren.

Variante 1: Franchisevertrag beim Tod eines von mehreren Franchisenehmern

Mit dem Tod des Franchisenehmers endet dieser Franchisevertrag. Ist der Vertrag mit zwei oder mehr natürlichen Personen abgeschlossen, so steht im Fall des Todes einer dieser Personen den überlebenden Vertragspartnern auf Franchisenehmerseite ein Sonderkündigungsrecht zu. Der Franchisevertrag kann dann innerhalb einer Frist von einem Monat nach Kenntnis vom Tode des anderen Franchisenehmers mit einer Frist von drei Monaten zum Monatsende ordentlich gekündigt werden.

Variante 2: Eventuelle Nachfolgeregelung durch Erben
Mit dem Tod des Franchisenehmers endet der Franchisevertrag. Der Franchisegeber prüft jedoch, ob einer oder mehrere der Erben, die entsprechendes Interesse bekunden, geeignet sind, als Franchisenehmer den Betrieb des bisherigen Franchisenehmers weiterzuführen. Kommt es innerhalb von drei Monaten nach dem Tod des Franchisenehmers nicht zu einem neuen Franchisevertrag mit einem oder mehreren der Erben, so hat der Franchisegeber das Recht, den Franchisenehmerbetrieb von den Erben zu übernehmen. Dabei gelten die Regeln für den Erwerb des Franchisenehmerbetriebs vom Franchisenehmer entsprechend (siehe § […]).

Variante 3: Der Franchisegeber führt den Betrieb des verstorbenen Franchisenehmers vorübergehend treuhänderisch weiter
Der Franchisevertrag endet mit dem Tod des Franchisenehmers. Die Erben können den Betrieb unter Weiternutzung der Marke und des Know-hows des Franchisegebers für einen Übergangszeitraum von drei Monaten ab dem Tod des Franchisenehmers weiterführen, sofern sie dem Franchisegeber gestatten, die Verwaltung des Franchisenehmerbetriebes treuhänderisch zugunsten der Erben zu übernehmen. Im Anschluss an diesen Übergangszeitraum entscheiden die Erben und der Franchisegeber, ob es zwischen einem der Erben und dem Franchisegeber zu einem neuen Franchisevertrag kommt. Andernfalls endet mit diesem Zeitpunkt das Recht zur Nutzung der Franchisegebemarke und zur Nutzung des systemspezifischen Know-hows.

Variante 4: Der Franchisevertrag endet nicht mit dem Tod des Franchisenehmers
Der Franchisevertrag endet nicht mit dem Tod des Franchisenehmers. Dem Franchisegeber steht jedoch innerhalb einer Frist von einem Monat nach Kenntnis vom Tode des Franchisenehmers ein Sonderkündigungsrecht gegenüber den Erben des Franchisenehmers zu.

2.41 Ankaufsrecht des Franchisebetriebes nach Vertragsbeendigung

In einem funktionierenden und wachsenden Franchisesystem ist der Franchisegeber meist daran interessiert, vorhandene Standorte zu halten und eine gegebene Marktabdeckung beizubehalten. Gerade im Einzelhandel und in der Gastronomie ist es ihm daher in der

Regel ein Anliegen, nach Beendigung eines Franchisevertrages den betreffenden Standort selbst weiter zu betreiben oder durch einen neuen Franchisenehmer übernehmen zu lassen. Da der Franchisenehmer jedoch ein selbstständiger Unternehmer ist und ihm der entsprechende Betrieb im zivilrechtlichen Sinne gehört, kann der Franchisegeber dieses Ziel nur durch eine entsprechende Vertragsgestaltung absichern. Ein entscheidender Punkt ist die Absicherung im Rahmen des Mietvertrages, den der Franchisenehmer mit dem Vermieter abschließt, wenn nicht der Franchisegeber sowieso als Zwischenmieter bereits die entsprechenden Immobilien für sich dauerhaft gesichert hat. Da jedoch ein Unternehmen nicht nur aus den betreffenden Räumlichkeiten besteht, sondern vor allem auch aus dem Kundenstamm, aus dem sogenannten Goodwill, dem guten Ruf des betreffenden Geschäftes, und dem gesamten Inventar, kommt eine vollständige Übernahme des Standortes meist nur dadurch zustande, dass der Franchisegeber dem Franchisenehmer dessen Unternehmen abkauft.

Damit ein solcher Verkauf nicht an der fehlenden Bereitschaft des Franchisenehmers scheitert, muss so etwas bereits vorab im Franchisevertrag vereinbart werden. Das ist rechtlich grundsätzlich möglich, solange der Wert des Unternehmens und der dafür zu zahlende Kaufpreis in einem angemessenen Verhältnis stehen. Die diesbezüglichen Klauseln werden häufig als Vorkaufsrecht bezeichnet. Das ist rechtlich ungenau, denn als Vorkaufsrecht gilt nur das, was in Variante 4 formuliert wurde. Das Vorkaufsrecht des Franchisegebers bedeutet, dass der Franchisegeber, sollte der Franchisenehmer den Standort einer konkreten anderen Person verkaufen wollen, und sollte es bereits zu einem Vertragsschluss unter Festlegung eines bestimmten Kaufpreises gekommen sein, quasi in diesen Kaufvertrag anstatt des ursprünglich vorgesehenen Käufers eintreten kann, und zwar auch genau zu diesen konkreten Konditionen. Ein solches Vorkaufsrecht sichert also keineswegs zwingend den Standort für den Franchisegeber.

In Variante 1 wird ein automatischer Übergang des Franchisenehmerbetriebes vereinbart. Das kommt quasi einem bereits innerhalb des Franchisevertrages vereinbarten Kauf gleich, lediglich unter der aufschiebenden Bedingung der Vertragsbeendigung. Problematisch bei einem solchen Unternehmenskauf sind immer auch die sogenannten Dauerschuldverhältnisse, also Arbeitsverträge, Mietverträge, langfristige Rahmenverträge mit Lieferanten, Leasingverträge für Maschinen, Software und vieles mehr. Diese können nur „mitverkauft" werden, wenn der entsprechende dritte Vertragspartner mit einer Umschreibung des jeweiligen Vertrages auf den neuen Vertragspartner, also hier den Franchisegeber, einverstanden ist. Daher sollte im Franchisevertrag festgehalten werden, dass sich der Franchisenehmer zumindest bemühen muss, seine außenstehenden Vertragspartner zu einer entsprechenden Vertragsübertragung zu bewegen. Da das Bestehen oder Nichtbestehen solcher Vertragsverhältnisse natürlich in erheblicher Weise den Wert eines Unternehmens beeinflussen kann, empfiehlt es sich, eine entsprechende Verringerung des Kaufpreises zu vereinbaren, sollte die Übertragung der Dauerschuldverhältnisse teilweise scheitern.

Variante 2 ist die Lösung, die wahrscheinlich in den meisten Fällen die sachgerechteste ist. Hier bindet sich der Franchisegeber nicht bereits vorab an eine Übernahme des Betriebes. Schließlich kann es sein, dass der konkrete Standort sich als äußerst unwirtschaftlich erweist, und der Franchisegeber gar kein Interesse an einer Übernahme hat.

Für die Bestimmung des Kaufpreises, der natürlich nicht Jahre zuvor bereits festgelegt werden kann, bieten sich verschiedene betriebswirtschaftliche Verfahren an, wie zum Beispiel die Discounted Cash Flow-Methode oder die Ertragswertmethode. Die Einschaltung eines objektiven Sachverständigen kann zusätzlich die Chancen erhöhen, dass man sich ohne Gerichtsverfahren auf einen gerechten und objektiv „richtigen" Kaufpreis einigt.

In Variante 3 wird vom Franchisegeber versucht, den Betrieb des Franchisenehmers zu einem möglichst niedrigen Gegenwert zu erlangen. Eine solche Klausel findet sich in Franchiseverträgen meist dann, wenn der Standort selbst aufgrund entsprechender Mietvertragsgestaltung bereits gesichert ist. Hat der Franchisegeber erst einmal das konkrete Gewerbeobjekt gesichert und das gesamte Inventar übernommen, so kann er ohne Weiteres den Betrieb an dem Standort fortführen. Dass der Wert eines Unternehmens vor allem auch im Goodwill und im konkreten Kundenbestand besteht, wird hier außer Acht gelassen. Inwieweit dem Franchisenehmer hier möglicherweise noch ein konkreter Investitionsersatzanspruch oder ein Ausgleichsanspruch zustehen könnte, ist noch nicht abschließend rechtlich geklärt. Um den hier nahe liegenden Ausgleichsanspruch nach § 89a HGB auszuschließen, wird zur Sicherheit in dieser Klausel hinzugefügt, dass die Kundendaten nicht übertragen werden sollen. Wenn es nämlich keine Pflicht zur Übertragung von Kundendaten gibt, wird von der herrschenden Rechtsprechung ein entsprechender Ausgleichsanspruch bei Franchisenehmern abgelehnt. Ob Franchisegeber mit einer solchen Regelung jedoch immer und dauerhaft Erfolg haben werden, kann nicht mit Sicherheit beurteilt werden.

Für alle möglichen Konstellationen sollten in solchen Klauseln bestimmte Fristen für die jeweils notwendigen Erklärungen oder Mitteilungen vorgesehen werden, damit beide Vertragsparteien Planungssicherheit haben.

Variante 1: Franchisestandort geht automatisch auf Franchisegeber über

1. *Das Unternehmen des Franchisenehmers geht automatisch mit der Beendigung dieses Franchisevertrages auf den Franchisegeber über.*
2. *Der Kaufpreis wird nach der „Discounted Cash Flow"-Methode ermittelt.*
3. *Franchisegeber und Franchisenehmer werden sich im zumutbaren Rahmen darum bemühen, dass alle mit dritten Personen bestehenden Dauerschuldverhältnisse auf den Franchisegeber übertragen werden. Scheitert in einzelnen Fällen eine Übertragung von Dauerschuldverhältnissen, so reduziert sich der Kaufpreis entsprechend.*

Variante 2: Ankaufsrecht des Franchisegebers

1. *Der Franchisegeber hat das Recht, den Betrieb des Franchisenehmers nach Beendigung dieses Vertrages zu übernehmen oder einen Dritten (zum Beispiel einen neuen Franchisenehmer) zur Betriebsübernahme zu bestimmen. Will der Franchisegeber von diesem Ankaufsrecht selbst oder durch einen von ihm bestimmten Dritten Gebrauch machen, so muss er dies dem Franchisenehmer spätestens zwei Monate vor Vertragsbeendigung mitteilen, im Falle einer fristlosen Kündigung spätestens zwei Monate nach Vertragsbeendigung.*
2. *Der Kaufpreis wird nach der Ertragswertmethode ermittelt. Im Streitfalle wird er durch einen von der zuständigen Industrie- und Handelskammer benannten Sachverständigen ermittelt. Etwaige Ausgleichsansprüche gemäß einer analogen Anwendung von § 89a HGB sind auf den Kaufpreis anzurechnen.*

Variante 3: Ankaufsrecht des Franchisegebers bzgl. Inventar und Warenbestand

Der Franchisegeber hat das Recht, nach Vertragsbeendigung vom Franchisenehmer das gesamte Inventar und die noch vorhandenen Warenvorräte zum Zeitwert abzukaufen. Eine Verpflichtung zur Übertragung der Kundendaten besteht nicht.

Variante 4: Vorkaufsrecht des Franchisegebers

Nach Beendigung dieses Franchisevertrags steht dem Franchisegeber für den Fall des Verkaufs des vom Franchisenehmer betriebenen Geschäfts ein Vorkaufsrecht nach Maßgabe der §§ 463 ff. BGB zu. Der Franchisenehmer ist verpflichtet, dem Franchisegeber die Verkaufsabsicht drei Monate vor Vertragsbeendigung, spätestens jedoch umgehend nach Abschluss eines Kaufvertrages mit einem Dritten, anzuzeigen. Der Franchisegeber muss sein Vorkaufsrecht innerhalb eines Monats nach Anzeige der Verkaufsabsicht ausüben.

2.42 Pflichten des Franchisenehmers bei Vertragsbeendigung

Ein Großteil derjenigen Verpflichtungen, die ein Franchisenehmer nach Beendigung der Franchisepartnerschaft zu erfüllen hat, ergibt sich bereits aus anderen Vorschriften eines Franchisevertrages bzw. aus der Natur des Franchising selbst, so zum Beispiel die Umgestaltung des Ladenlokals zwecks Verhinderung von Verwechselungsgefahren. Dennoch ist es sinnvoll und hilfreich, wesentliche Verpflichtungen ausdrücklich im Franchisevertrag sowie im Administrationsmaual zu benennen. Während in Variante 1 von einem Fortbestehen des Unternehmens des Franchisenehmers, lediglich ohne Nutzung der Vertragsrechte des Franchisegebers, ausgegangen wird, bezieht sich Variante 2 auf den Fall, dass der Franchisenehmer seinen Betrieb schließt bzw. an einen Nachfolger übergibt. Besonders aktuell angesichts einiger Gerichtsurteile in der jüngeren Vergangenheit ist die Problematik der Durchforstung des Internets, soweit es um Löschungen von Firmendaten geht, die einen Bezug zwischen dem bisherigen Franchisenehmer und der Marke des Franchisegebers herstellen. Das weltweite Netz ist in der Regel voll von Eintragungen, die gar nicht der Franchisenehmer selbst veranlasst hat. Dass er Einträge auf seinen eigenen Seiten und in den eigenen Social-Media-Profilen entsprechend ändert, dürfte sich von selbst verstehen, dass er aber auch darüber hinaus nach bestem Wissen und Gewissen versuchen muss, automatisch generierte oder anderweitig zustande gekommene Eintragungen abändern zu lassen, haben zwischenzeitlich mehrere Gerichte entschieden, ohne dass sich eine entsprechende Regelung in dem jeweiligen Franchisevertrag befand. Um insoweit Klarheit zu schaffen und den Franchisenehmer vor teuren wettbewerbsrechtlichen Verfahren oder empfindlichen Vertragsstrafen zu bewahren, ist eine ausdrückliche Regelung im Franchisevertrag auf jeden Fall angebracht.

Variante 1: Beendigung des Franchiseverhältnisses mit Weiterführung des Standortes durch bisherigen Franchisenehmer

1. *Nach Beendigung dieses Franchisevertrages, gleich aus welchem Grund, ist der Franchisenehmer verpflichtet, alle ihm vom Franchisegeber überlassenen Unterlagen und Richtlinien, insbesondere das Franchisehandbuch, Werbematerialien, und alle mit der CI des Franchisesystems gestalteten Werbematerialien dem Franchisegeber zurückzugeben.*
2. *Der Franchisenehmer ist verpflichtet, das Innere und Äußere seines Ladenlokals so zu verändern, dass eine Verwechslung mit dem Corporate Design des Franchisesystems ausgeschlossen ist.*
3. *Der Franchisenehmer ist ferner verpflichtet, die Nutzung der bisherigen regulären geschäftlichen Telefonanschlüsse dem Franchisegeber zu überlassen bzw. eine entsprechende dauerhafte Rufumleitung einzurichten.*
4. *Der Franchisenehmer ist verpflichtet, im Rahmen des Zumutbaren unter Berücksichtigung von Treu und Glauben das Internet nach Seiten zu durchsuchen, auf denen der Name seines Unternehmens mit der Marke des Franchisegebers in Verbindung gebracht wird, und entsprechende Eintragungen löschen zu lassen.*

Variante 2: Beendigung des Franchiseverhältnisses und Übernahme des Standortes durch Franchisegeber

1. *Der Franchisenehmer ist verpflichtet, nach Beendigung dieses Franchisevertrages an einer ungehinderten und zügigen Übergabe des Geschäfts an seinen Nachfolger (den Franchisegeber oder einen neuen Franchisenehmer) mitzuwirken.*
2. *Sofern eine Übernahme des Lagerbestandes an systemspezifischer Ware an den Übernehmer des Geschäftes nicht in Betracht kommt, ist der Franchisegeber berechtigt und verpflichtet, den noch ohne Einschränkung weiter verwertbaren Warenbestand zum Einkaufspreis zurückzunehmen.*
3. *Der Franchisenehmer ist verpflichtet, alle noch offenen Rechnungen des Franchisegebers und alle fälligen Gebühren innerhalb einer Frist von 14 Tagen nach der Kündigung dieses Vertragsverhältnisses zu begleichen. Dem Franchisenehmer steht insoweit kein Zurückbehaltungsrecht hinsichtlich solcher Außenstände zu.*

► Eine Standortübergabe ist ein vielfältiger Prozess, wobei Diskussionen oder Fehlinterpretationen auftreten können. Hierzu sollten Abwicklungsprozesse erarbeitet werden, welche im Administrationsmanual dokumentiert werden. Idealerweise sind diese Prozesse auch bei anderen Gegebenheiten anwendbar, wie zum Beispiel im Todesfall oder beim Verkauf eines Franchisestandortes.

2.43 Widerrufsrecht

Eines der komplexesten rechtlichen Themen im Zusammenhang mit Franchiseverträgen ist in Deutschland die Problematik des dem Franchisenehmer möglicherweise nach deutschem Verbraucherschutzrecht zustehenden Widerrufsrechts. Hat der Franchisenehmer ein gesetzliches Widerrufsrecht, so muss er über dieses Recht belehrt werden. Wurde die Belehrung unterlassen oder ist sie falsch, so läuft die zweiwöchige Frist für den Widerruf nicht, sodass der Franchisevertrag auch noch zu einem späteren Zeitpunkt widerrufen werden kann. Die Brisanz dieser Problematik hat sich jedoch seit einigen Jahren etwas abgemildert, da nach einer Gesetzesänderung mittlerweile der Franchisevertrag im Falle einer falschen Belehrung nicht mehr unendlich lange, sondern nur noch ein Jahr und zwei Wochen nach Vertragsunterzeichnung widerrufen werden kann. Dennoch ist es natürlich wichtig, eine korrekte Belehrung beizufügen. Da auch die Voraussetzungen für ein gesetzliches Widerrufsrecht immer noch teilweise umstritten sind, fügen die meisten Franchisegeber vernünftigerweise jedem Franchisevertrag eine Widerrufsbelehrung bei. Um zu verhindern, dass dann, wenn gesetzlich eigentlich gar kein Widerrufsrecht vorgeschrieben ist, dennoch von einer Lösungsmöglichkeit vom Vertrag ausgegangen wird, finden die etwas umständlich anmutenden Formulierungen wie hier oder in ähnlicher Weise Eingang in viele Franchiseverträge. Das soll sicherstellen, dass das Widerrufsrecht wirklich nur dann besteht, wenn es auch gesetzlich vorgeschrieben ist.

Variante 1: Widerrufsrecht

1. *Sollte dem Franchisenehmer nach irgendwelchen gesetzlichen Vorschriften, insbesondere nach dem Verbraucherschutzrecht, ein Widerrufsrecht bezüglich dieses Franchisevertrages zustehen, so wurde der Franchisenehmer gemäß Anlage X über dieses Widerrufsrecht belehrt.*
2. *Da diese Widerrufsbelehrung lediglich rein vorsorglich für den Fall des Bestehens eines gesetzlichen Widerrufsrechtes diesem Franchisevertrag als Anlage beigefügt wurde, wird hiermit klargestellt, dass damit nicht die Vereinbarung eines vertraglichen Widerrufsrechts bezweckt wurde.*

2.44 Gerichtsstand

In fast allen Franchiseverträgen wird ein Gerichtsstand vereinbart. Dass eine solche Gerichtsstandsvereinbarung in den meisten Franchiseverträgen möglich ist, dürfte angesichts der mittlerweile fast einhelligen obergerichtlichen Rechtsprechung geklärt sein. Zwar kann eine Gerichtsstandsvereinbarung nur von einem Kaufmann im Sinne des Handelsrechts abgeschlossen werden. Aber mittlerweile sehen fast alle Gerichte auch einen Existenzgründer, der aufgrund des abzuschließenden Franchisevertrages seine unternehmerische Tätigkeit erst begründet, bereits als „Kaufmann" im Sinne der Zivilprozessordnung an.

Die Vereinbarung des Gerichtsstandes an seinem Sitz erspart für den Franchisegeber in der Regel größere logistische Aufwendungen, insbesondere Reisekosten, wenn es zu Gerichtsprozessen kommt. Auch sind die Entscheidungen am stets gleichen Heimatgericht vielleicht eher vorhersehbar. Wird kein Gerichtsstand vereinbart, so ist in der Regel wahlweise das Gericht am Sitz des Franchisenehmers oder das Gericht des im konkreten Prozess Beklagten zuständig. Dies gilt ähnlich auch bei grenzüberschreitenden Franchiseverträgen. Um Klarheit zu schaffen, ob das gewünschte Gericht auch dann zuständig sein soll, wenn der Franchisevertrag als nichtig angesehen wird, wird häufig der Geltungsbereich der Gerichtsstandsvereinbarung näher umschrieben, so wie in Variante 1. Wenn für den Fall, dass der Franchisegeber seine Systemzentrale während der Dauer der Franchisepartnerschaft verlegt, als Gerichtsstand lediglich „Sitz des Franchisegebers" angegeben ist, ist ein Streit darüber, ob damit der zum Zeitpunkt der Vertragsunterzeichnung bestehende oder der neue Sitz gemeint ist, nicht ganz ausgeschlossen. Daher ist es in der Regel sicherer, die konkrete Stadt namentlich zu benennen. Aus Sicht des Franchisegebers ist es gerade bei internationalen Franchiseverträgen empfehlenswert, eine zusätzliche Klagemöglichkeit am Standort des Franchisenehmers zu ermöglichen, so wie in Variante 2. Wenn es nämlich um bloße Zahlungsansprüche geht, ist ein Urteil immer sehr viel einfacher in dem Land zu vollstrecken, in dem es gesprochen wurde.

Variante 1: Gerichtsstand am Sitz des Franchisegebers
Gerichtsstand für alle rechtlichen Auseinandersetzungen im Zusammenhang mit diesem Franchisevertrag, insbesondere auch hinsichtlich seines Zustandekommens, nachvertraglicher Pflichtverletzungen und hinsichtlich der Frage der Wirksamkeit des Vertrages ist der Sitz des Franchisegebers.

Variante 2: Wahlmöglichkeit des Franchisegebers
1. *Für alle rechtlichen Auseinandersetzungen im Zusammenhang mit diesem Franchisevertrag ist ausschließlich das Landgericht, Kammer für Handelssachen, in XYZ (Sitz des Franchisegebers) zuständig.*
2. *Dem Franchisegeber jedoch ist es unbenommen, Klagen gegen den Franchisenehmer auch bei dem für dessen Unternehmenssitz zuständigen Gericht zu erheben.*

2.45 Anwendbares Recht

Kommt es zu rechtlichen Auseinandersetzungen zwischen den Vertragspartnern, so ist die Frage, welchem Recht der Franchisevertrag unterliegt, von nicht zu unterschätzender Bedeutung. Stehen auf beiden Seiten deutsche Vertragspartner, so wird in der Regel deutsches Recht vereinbart. Das würde automatisch auch dann gelten, wenn gar keine Rechtswahlvereinbarung im Vertrag zu finden wäre. Deutsches Recht ist nicht unbedingt besser oder für eine der Parteien vorteilhafter als andere Rechtsordnungen. Es sind in Deutschland aber leichter Anwälte zu finden, die sich mit deutschem Recht auskennen. Auch die Urteile der Gerichte sind eher abschätzbar, wenn man sich auf vertrautem rechtlichen Terrain bewegt. Das Internationale Privatrecht des jeweiligen Landes und europäische Verordnungen oder andere internationale Abkommen stellen Regelungen für den Fall bereit, dass in einem grenzüberschreitenden Vertragsverhältnis keine Rechtsordnung festgelegt wird. Bei Franchiseverträgen findet dann in den meisten Fällen das Recht desjenigen Landes Anwendung, in dem der Franchisenehmer seinen Standort hat.

Sowohl bei innerdeutschen Vertragsverhältnissen als auch bei grenzüberschreitenden Verträgen ist es jedoch möglich, ein anderes anwendbares Recht zu vereinbaren, als dasjenige, welches von Gesetzes wegen automatisch gelten würde. Es können sich also selbst zwei deutsche Parteien darauf einigen, dass nicht die deutsche, sondern eine ausländische Rechtsordnung Anwendung findet. Dies dürfte allerdings in den meisten Fällen deshalb nicht sinnvoll sein, weil deutsche Sachverhalte meist vor deutschen Gerichten landen und diese sich mit deutschem Recht besser auskennen. Im grenzüberschreitenden Verkehr jedoch kommt es häufig vor, dass der Franchisegeber das Recht seines Landes vorgeben will oder aber, dass sich die Parteien, wenn sie sich nicht einigen können, das Recht eines neutralen dritten Staates vereinbaren. Im Franchising wird häufig beispielsweise niederländisches Recht vereinbart, aber auch das Schweizer Recht kommt zur Anwendung. Das Schweizer Recht ist nicht einfach nur ein Kompromiss, sondern es bietet gegenüber dem deutschen Recht auch einige Vorteile. Es betont stärker die Privatautonomie, weil es die Inhaltskontrolle von Allgemeinen Vertragsbestimmungen nicht kennt und weil unwirksame Klauseln nicht einfach ganz entfallen, sondern auf den rechtlich noch möglichen Kerngehalt reduziert werden. Bei der Anwendung schweizerischen Rechts bleibt also gegebenenfalls mehr von einem Vertrag übrig, nachdem das Gericht seine Klauseln auf ihre Wirksamkeit überprüft hat. Von einer solchen seriös motivierten Rechtswahl zu unterscheiden sind faktische Rechtsverhinderungsklauseln. Wenn Franchisegeber eine völlig exotische Rechtsordnung für anwendbar erklären, möglicherweise noch mit einem ebenso exotischen Gerichtsstand, so führt dies in der Regel dazu, dass ein nicht übermäßig wirtschaftlich starker Franchisenehmer keine Chance hat, seine Rechte mit geeigneten Anwälten durchzusetzen. So gab es bis vor einigen Jahren in einem durchaus bekannten Franchisesystem der Systemgastronomie für deutsche Franchisenehmer einen amerikanischen Gerichtsstand vor einem amerikanischen Schiedsgericht mit der Vereinbarung des Rechts von Liechtenstein.

Für Franchisesysteme im Bereich des Einzelhandels, welche grenzüberschreitend tätig sind, empfiehlt sich des Weiteren eine nähere Überlegung hinsichtlich des UN-Kaufrechts. Das UN-Kaufrecht ist keine eigne Rechtsordnung neben den verschiedenen nationalen Rechtsordnungen, sondern stellt für alle Vertragsstaaten (diese repräsentieren ca. 90 % des deutschen Außenhandels) zusätzliche Regelungen im Kaufrecht bereit. Werden Verträge zwischen zwei Vertragsstaaten geschlossen, so gilt automatisch das UN-Kaufrecht als Bestandteil der jeweils geltenden Rechtsordnung. In einem grenzüberschreitenden Vertrag, bei dem deutsches Recht vereinbart ist, findet automatisch auf kaufvertragliche Aspekte des UN-Kaufrecht Anwendung. Das UN-Kaufrecht ist also bei solchen Sachverhalten Bestandteil der deutschen Rechtsordnung. Es zeichnet sich beispielsweise dadurch aus, dass man es deutlich flexibler als das normale deutsche BGB-Kaufrecht durch Allgemeine Geschäftsbedingungen variieren kann. Will man das UN-Kaufrecht ausschließen, was man keineswegs immer reflexartig mangels entsprechender Kenntnis tun sollte, so muss man dies bei grenzüberschreitenden Sachverhalten ausdrücklich tun, wie in Variante 2 geschehen.

Zur Sicherheit empfiehlt es sich, wie in Variante 3 ausdrücklich auch rechtliche Auseinandersetzungen über das Zustandekommen des Vertrages und über die Frage der Wirksamkeit des Vertrages insgesamt in die Rechtswahlklausel mit einzubeziehen, um entsprechende Streitigkeiten über den Umfang der Rechtswahl zu vermeiden.

Variante 1: Rechtswahl deutsches Recht
Auf diesen Vertrag findet das Recht der Bundesrepublik Deutschland Anwendung.

Variante 2: Anwendung deutsches Recht unter Ausschluss des UN-Kaufrechts
Für Streitigkeiten aus diesem Vertrag wird die Anwendung des deutschen Rechts unter Ausschluss des UN-Kaufrechts vereinbart.

Variante 3: Vereinbarung einer ausländischen Rechtsordnung
Für Streitigkeiten aus diesem Vertrag, insbesondere auch über das Zustandekommen, über die Frage der Wirksamkeit des Vertrages und über nachvertragliche Pflichtverletzungen findet ausschließlich das Recht der Schweiz Anwendung.

2.46 Vertragssprache

Nicht nur die Festlegung des Gerichtsstandes und des anwendbaren Rechtes sind von Bedeutung, sondern, sofern es sich um einen internationalen Franchisevertrag handelt, auch die Festlegung der Vertragssprache. Zum einen ist mit Vertragssprache gemeint, dass alle wesentlichen offiziellen rechtlich bedeutsamen Erklärungen hinsichtlich des Franchisevertrages auch in deutscher Sprache zu erfolgen haben. Zum anderen aber, wie in Variante 2, gilt es die Vertragssprache festzulegen, wenn ein Franchisegeber den Vertrag sowohl in seiner eigenen als auch in englischer Sprache bzw. in der Sprache des Franchisenehmers zur Verfügung stellt. Dies ist zum einen natürlich eine Serviceleistung des Franchisegebers, die sicherstellt, dass der andere Vertragspartner den Vertrag auch ohne eigene Übersetzungskosten wirklich verstehen kann. Andererseits muss in einem solchen Fall eindeutig klargestellt werden, welche der beiden Sprachfassungen die rechtlich verbindliche ist. Denn schließlich lässt sich ein Text, zumal mit rechtlich komplexen Klauseln, niemals eins zu eins in eine andere Sprache übersetzen. Jede Übersetzung ist immer schon auch eine Interpretation. Hinzu kommt bei Rechtstexten, dass bestimmte Begriffe in den verschiedenen Sprachen verschiedene Bedeutungen haben, da sie vor dem Hintergrund der jeweiligen Rechtssysteme zu betrachten sind. Um Streitigkeiten über den tatsächlichen Inhalt des Vertrages zu vermeiden, muss zwingend festgelegt werden, welche Vertragsvariante rechtlich relevant ist. Daher sollte ein Franchisevertrag trotz vorhandener Fassung in der eigenen Sprache auch immer in der rechtsverbindlichen Fassung geprüft werden, wenn es um die Unterzeichnung oder um spätere rechtliche Auseinandersetzungen geht.

Variante 1: Deutsch als Vertragssprache
Vertragssprache ist Deutsch.

Variante 2: Vertragsausfertigung in zwei Sprachen
Der Franchisevertrag wird in zwei Ausfertigungen erstellt, nämlich in deutscher und in englischer Sprache. Im Streitfalle ist die deutsche Fassung die verbindliche.

2.47 Schiedsvereinbarung

Gerade bei Franchiseverträgen, insbesondere im internationalen Kontext, bietet es sich an, rechtliche Streitigkeiten nicht von den ordentlichen Gerichten, sondern von einem Schiedsgericht entscheiden zu lassen. Die Sprüche eines Schiedsgerichtes sind endgültige Entscheidungen und genauso wie Urteile der staatlichen Gerichte vollstreckbar. Es gibt allerdings keine Berufungsmöglichkeit. Vorteile des Schiedsgerichtsverfahrens sind die in der Regel kürzere zeitliche Dauer des Verfahrens, die Möglichkeit, dass solche Personen zu Schiedsrichtern bestellt werden, die in besonderer Weise mit der Materie des Rechtsstreits vertraut sind, und die Möglichkeit, die Verfahrenssprache festzulegen. Gerade bei Franchisesystemen ist zusätzlich von besonderer Bedeutung, dass das Schiedsverfahren hinter verschlossenen Türen stattfindet. Somit dringen rechtliche Auseinandersetzungen nicht in die Öffentlichkeit und das Image des Franchisesystems wird nicht beeinträchtigt. Ein Schiedsgerichtsverfahren ist häufig zwar zunächst teurer als ein normales Gerichtsverfahren, dieser Nachteil relativiert sich jedoch meist, weil es keine Berufungsmöglichkeit gibt. Schließlich gibt es bei der Vollstreckung, zumindest dann, wenn eine internationale Schiedsgerichtsordnung gewählt wird, im Ausland deutlich weniger Probleme.

Grundsätzlich ist es ausreichend, ohne nähere Regelungen eine Schiedsvereinbarung zu schließen bzw. eine entsprechende Klausel in den Vertrag aufzunehmen (Variante 1). Wenn keine weiteren Details geregelt werden, gelten die diesbezüglichen Vorschriften, die die deutsche Zivilprozessordnung dafür bereithält. Gerade in internationalen Verträgen jedoch sollte davon abgesehen werden und es ist dringend ratsam, konkrete Modalitäten des Schiedsverfahrens festzulegen. Es erfolgt dies durch einen ausdrücklichen Verweis auf die Zivilprozessordnung oder auf eine der anerkannten internationalen Schiedsverfahrensordnungen, so beispielsweise auf die Schiedsgerichtsordnung der Deutschen Institution für Schiedsgerichtsbarkeit (DIS), Variante 2, oder der ICC (International Chamber of Commerce). Diese Schiedsgerichtsordnungen regeln im Zweifel alle notwendigen Details. Aber auch hier ist es möglich, dass die Parteien in für sie wichtigen Fragen bereits im Vertrag eine Regelung treffen, so zum Beispiel bezüglich der Schiedsgerichtssprache, bezüglich der Anzahl der Schiedsrichter oder bezüglich des Schiedsgerichtsortes. Schließlich gibt es auch die Möglichkeit, dem Franchisevertrag einen ausführlicheren Schiedsvertrag als Anlage beizufügen (Variante 3), der sich dann allerdings im Rahmen dessen zu halten hat, was nach den Vorschriften der Zivilprozessordnung zulässig ist.

Variante 1: Einfache Schiedsgerichtsvereinbarung
Rechtliche Auseinandersetzungen zwischen den Parteien werden im Streitfalle durch ein Schiedsgericht unter Ausschluss der ordentlichen Gerichtsbarkeit entschieden.

Variante 2: Schiedsgerichtsvereinbarung DIS

1. *Die Parteien werden rechtliche Auseinandersetzungen ausschließlich, mit Ausnahme von Verfahren des einstweiligen Rechtsschutzes, vor einem Schiedsgericht ausgetragen. Die Parteien vereinbaren dabei die Geltung der Schiedsgerichtsordnung der Deutschen Institution für Schiedsgerichtsbarkeit e. V. (DIS).*
2. *Ort des Verfahrens ist Y., die Zahl der Schiedsrichter wird auf drei festgelegt, die Sprache des Schiedsverfahrens ist Deutsch.*

Variante 3: Schiedsgerichtsvereinbarung mit Verweis auf Schiedsvertrag
Anstelle der ordentlichen Gerichte entscheidet bei Streitigkeiten ein für den jeweiligen konkreten Fall einzusetzendes Schiedsgericht. Insoweit wird auf den diesem Vertrag anliegenden Schiedsvertrag (Anlage N.N.) verwiesen.

2.48 Mediation/Schlichtung

Gerade im Franchising, welches auf vertrauensvolle Partnerschaft ausgerichtet ist, wird häufig versucht, gerichtliche Auseinandersetzungen zu verhindern, indem sich die Parteien im Rahmen des Franchisevertrages darauf einigen, zunächst einen außergerichtlichen Einigungsversuch in Form einer Schlichtung oder einer Mediation zu unternehmen. Auch wenn es häufig bei festgefahrenen Fronten auf beiden Seiten nicht mehr Erfolg versprechend ist, eine einvernehmliche Lösung der entstandenen Probleme zu finden, so bietet eine Mediation oder eine Schlichtung dennoch die Chance, auf schnellerem, kostengünstigerem und vor allem friedlicherem Wege einen Kompromiss zu finden. Stets sollte man bedenken, dass auch ein Gerichtsverfahren, nachdem zunächst einmal viel Geld in die Arbeit von Anwälten gesteckt wurde, häufig in einem vom Gericht vermittelten Vergleich endet. Mediationsklauseln in Franchiseverträgen sind allerdings sehr häufig, so wie in Variante 1, sehr unbestimmt, sodass zunächst für beide Parteien nicht klar ist, wie sie überhaupt verfahren sollen. Daher empfiehlt sich eine konkrete Beschreibung des einzuschlagenden Weges, wie für den Fall einer Mediation in Variante 2, oder für den Fall einer Streitschlichtung in Variante 3. Auch für die Wahl des konkreten Streitschlichters oder des aus mehreren Personen besetzten Gremiums sollte ein einfach zu handhabendes, aber dennoch auch die Interessen beider Parteien berücksichtigendes Instrumentarium geschaffen werden. Dabei gilt es zu beachten, dass die Schlichtung oder die Mediation nicht von einer Partei dazu missbraucht werden kann, eine notwendige rechtliche Auseinandersetzung nur zu verzögern.

Während eine Mediation in der Regel von einer neutralen, dafür aber entsprechend ausgebildeten Person durchgeführt wird und darauf abzielt, im Rahmen eines gemeinsamen Gespräches die tatsächlichen Interessen der beiden Parteien auszuloten und einer möglichen Einigung zuzuführen, sind an einer Schlichtung meist Personen beteiligt, die bereits in unmittelbarem Kontakt mit dem betreffenden Franchisesystem stehen und dann auf rational abwägender Grundlage einen konkreten Einigungsvorschlag erarbeiten.

Häufig wird versucht, gewisse Streitigkeiten von einer Schlichtung oder einer Mediation auszuschließen, um bei diesen gleich das reguläre Gerichtsverfahren zu ermöglichen. Bei Angelegenheiten des einstweiligen Rechtsschutzes ist dies rechtlich im Grunde sogar notwendig, um bei eiligen Sachen eine Durchsetzung der Rechte nicht zu verhindern. Auch die Ausnahme hinsichtlich reiner Inkassoangelegenheiten bezüglich rückständiger Franchisegebühren, wie in Variante 3, ist üblich, damit Franchisegeber rückständige Gelder schneller beitreiben können. Dennoch bietet sich gerade auch in solchen Fällen häufig eine Mediation oder eine Streitschlichtung an, weil das Nichtzahlen von Franchisegebühren häufig tiefere Gründe in einer generellen Unzufriedenheit des Franchisenehmers hat.

Variante 1: Einfache Mediationsklausel

Bei Streitigkeiten haben die Parteien vor Inanspruchnahme der ordentlichen Gerichte ein Mediationsverfahren durchzuführen.

Variante 2: Mediationsklausel mit Festlegung des Ablaufs

1. *Kommt es zu rechtlichen Auseinandersetzungen zwischen den Parteien, so ist vor der Anrufung eines Gerichts ein Mediationsverfahren durchzuführen. Ausgenommen davon sind Angelegenheiten des einstweiligen Rechtsschutzes.*
2. *Auf entsprechende Bitte einer Partei bestimmt der Deutsche Franchiseverband einen Mediator. Der Mediator hat unverzüglich einen zeitnahen Mediationstermin festzusetzen.*
3. *Verweigert eine Partei die Teilnahme oder kommt es aus anderen Gründen im Rahmen des Mediationstermins zu keiner Einigung, so stellt der Mediator das Scheitern der Mediation fest.*

Variante 3: Schlichtung durch Schlichtungsausschuss

1. *Vor Anrufung der ordentlichen Gerichte versuchen die Parteien, eine streitige Auseinandersetzung im Wege einer Schlichtung zu lösen. Ausgenommen davon sind Angelegenheiten des einstweiligen Rechtsschutzes und Klagen des Franchisegebers wegen rückständiger Franchisegebühren.*
2. *Dazu benennt jede Partei einen Schlichter aus dem Kreise der übrigen Franchisenehmer bzw. der Mitarbeiter der Systemzentrale. Diese beiden genannten Personen wiederum einigen sich ihrerseits auf eine weitere Person als Vorsitzenden des Schlichtungsausschusses.*
3. *Dem Schlichtungsausschuss werden unverzüglich alle streitrelevanten Unterlagen zugeleitet. Auf dieser Grundlage erarbeitet er innerhalb einer Frist von vier Wochen nach seiner Konstituierung einen schriftlichen Einigungsvorschlag.*
4. *Stimmen nicht beide Parteien diesem Einigungsvorschlag zu, so steht Ihnen der Weg zu den ordentlichen Gerichten offen.*

Organisationen und Hilfestellungen zum Thema Franchisevertrag

3

Der Kern des FranchisePORTAL ist die sogenannte Virtuelle Franchisemesse. Hier präsentieren sich bis zu 300 Franchise- und Lizenzgeber auf ihren individuell gestalteten virtuellen Messeständen. Interessenten können sich durch Videos, News, Statements von bestehenden Partnern etc. über das jeweilige Franchisekonzept informieren und per Anfrageformular unkompliziert Kontakt aufnehmen.

3.1 Das FranchisePORTAL

Die FranchisePORTAL GmbH ist marktführend im deutschsprachigen Raum, wenn es um Informationen und Dienstleistungen rund um das Thema Franchising im Internet geht. 1995 gründete Ulrich Kessler einen Fachverlag, der sich auf die Bereitstellung von Informationen über Franchisesysteme über elektronische Medien für Franchise-Interessenten konzentrierte. Der Kern des FranchisePORTAL ist die sogenannte Virtuelle Franchisemesse. Hier präsentieren sich auf drei Internatportalen für den DACH-Raum ca. 300 Franchise- und Lizenzgeber mit ihren Franchisekonzepten. Interessenten können sich über verschiedene Formate über das jeweilige Franchise-Konzept informieren und per Anfrageformular unkompliziert Kontakt zu dem Franchise- bzw. Lizenzgeber aufnehmen. Ein weiterer Schwerpunkt liegt in der allgemeinen Wissensvermittlung rund um die Themen Franchise und Existenzgründung. Das FranchisePORTAL ist eine seriöse Informationsplattform für Interessenten. Neben einer Vielzahl an Ratgeberartikeln und Expertenbeiträgen steht der Aufbau eines informativen YouTube-Kanals „Schlau gründen ohne eigene Geschäftsidee“ und eine interne „Gründerakademie“ für Franchise-Interessenten im Fokus der Betreiber.

H. Riedl, M. Niklas, *Der Franchisevertrag*, https://doi.org/10.1007/978-3-658-42594-4_3

Der Kern des FranchisePORTAL ist die sogenannte Virtuelle Franchisemesse. Hier präsentieren sich um die 300 Franchise- und Lizenzgeber auf ihren individuell gestalteten virtuellen Messeständen. Interessenten können sich durch Videos, News, Statements von bestehenden Partnern etc. über das jeweilige Franchisekonzept informieren und per Anfrageformular unkompliziert Kontakt aufnehmen.

Ein weiterer Schwerpunkt liegt in der allgemeinen Wissensvermittlung rund um die Themen Franchise und Existenzgründung. Mit einer unabhängigen News-Redaktion, Video-Interviews mit Franchisegebern ebenso wie mit Franchiseanwälten und -beratern oder durch eine Auswahl an Checklisten für die Schritte auf dem Weg zum Franchisenehmer inklusive eines Vertrags-Checks ist das FranchisePORTAL auch eine seriöse Informationsplattform für Gründungs- und Franchise-Interessenten. Zusätzlich betreibt das Unternehmen den Blog Franchise-Treff.de, den Franchise-Shop.de für Fachliteratur in digitaler und gedruckter Form und ist in allen namhaften sozialen Netzwerken aktiv.

Das FranchisePORTAL aus Franchisegeber-Sicht

Unabhängig von einer geschäftlichen Beziehung bietet die Franchiseportal GmbH über die Plattform www.franchiseuniversum.de Franchise- und Lizenzgebern bzw. solchen, die es werden wollen, umfassende Informationen für den Aufbau und Betrieb eines Franchisesystems. Ergänzt werden die Informationsmöglichkeiten auf der Website durch Franchisegeber-Newsletter und insbesondere über den Nischenpodast „FranchiseUNIVERSUM – Der Podcast speziell für Franchisegeber und Franchisemanger in den Systemzentralen“. Franchisegeber stehen bei der Partnersuche grundsätzlich vor dem Problem, gründungsinteressierte Menschen zu finden und anzusprechen. Denn wer überlegt, sich selbstständig zu machen, trägt dies in der Regel nicht nach außen. Ein andauerndes Beschäftigungsverhältnis, das man nicht übereilt gefährden möchte, ist ein plausibler Grund hierfür, oftmals aber auch die Unsicherheit, ob man diesen Schritt in die Selbstständigkeit wirklich gehen will. Hier unterstützt das FranchisePORTAL die Franchise- und Lizenzgeber mit dem Ziel, existenzgründerinteressierten Personen einen Kontakt zu einem für sie infrage kommenden Franchiseunternehmen zu vermitteln. Dabei liegt der Fokus des Portals, eher auf dem klassischen Existenzgründer als dem Großinvestor. Da jedes Unternehmen ganz unterschiedliche Geschäftspartner sucht und die Selektion stark variiert, verzichtet das FranchisePORTAL bewusst auf eine qualitative (Vor-) Bewertung oder Einordnung der Interessenten. Dafür arbeitet das Unternehmen kontinuierlich daran, den Franchise- und Lizenzgebern möglichst frühzeitig möglichst viele relevante Informationen zur individuellen Selektion zur Verfügung zu stellen und den Kenntnisstand des Franchise-Interessenten sowohl über Franchising im Allgemeinen als auch über das jeweils angefragte System zu steigern. Erstklassige Platzierungen des FranchisePORTALs bei relevanten Suchmaschinen im Internet ermöglichen es auch kleineren oder jungen Franchiseunternehmen, als aktive und relevante Franchisesysteme wahrgenommen zu werden und darüber hinaus mit Interessenten in Kontakt zu kommen. Die Präsentation im Internet mit tauglichen Suchkriterien zählt zum entscheidenden Schlüssel bei der Partner- und Kundengewinnung. Startpunkt für Franchisegeber ist „FranchiseUNIVERSUM.de“, welches sich speziell an Franchisegeber und Franchisemanager in den Systemzentralen richtet. Eine Mitgliedschaft im FranchiseUNIVERSUM eröffnet den Zugang zu einer Präsenz im FranchisePORTAL und über weitere Kanäle zur Partnergewinnung.

Franchisegeber stehen bei der Partnersuche grundsätzlich vor dem Problem, gründungsinteressierte Menschen zu identifizieren und anzusprechen. Denn wer überlegt, sich selbstständig zu machen, trägt dies in der Regel nicht nach außen. Ein andauerndes Beschäftigungsverhältnis, das man nicht übereilt gefährden möchte, ist ein plausibler Grund hierfür. Das gilt aber oftmals auch für die Unsicherheit, ob man diesen Schritt wirklich gehen will. Hier unterstützt das FranchisePORTAL die Franchise- und Lizenzgeber, indem existenzgründungsinteressierte Menschen identifiziert und idealerweise als Kontakt an die Franchiseunternehmen weitergeleitet werden. Dabei wird eher der klassische Existenzgründer als der Großinvestor fokussiert.

Da jedes Unternehmen ganz unterschiedliche Geschäftspartner sucht und die Selektion stark variiert, verzichtet das FranchisePORTAL bewusst auf eine qualitative (Vor-)Bewertung oder Einordnung der Interessenten. Dafür arbeitet das Unternehmen kontinuierlich an der Fragestellung, wie den Franchise- und Lizenzgebern möglichst frühzeitig möglichst viele relevante Informationen zur individuellen Selektion zur Verfügung gestellt werden können.

Erstklassige Platzierungen mit dem FranchisePORTAL bei relevanten Suchmaschinen im Internet ermöglichen es auch kleineren bzw. jungen Franchiseunternehmen, von Interessenten gefunden zu werden. Die Sichtbarkeit und Auffindbarkeit im Internet zählt heute zu den entscheidenden Schlüsseln bei der Partner- und Kundengewinnung. Hier baut das FranchisePORTAL nach wie vor seine Führungsposition aus. Darüber hinaus wird jedem Kunden des FranchisePORTAL die Produktion eines kurzen Video-Trailers geboten. Zusätzlich ist das Team regelmäßig auf wichtigen Veranstaltungen der Franchise-Wirtschaft mit einem Kamerateam vor Ort und bietet dort kostenfrei die Möglichkeit für Video-Interviews an.

Das FranchisePORTAL aus Interessenten-Sicht

Das FranchisePORTAL bietet Franchiseinteressenten grundsätzlich die Möglichkeit, sich im Franchise-Markt zu orientieren. Dabei steht die Aufgabe im Fokus, den Interessenten gedanklich dort abzuholen, wo er gerade steht. Aufgrund persönlicher Vorlieben und Qualifikationen sowie Hard Facts, wie zum Beispiel ein zur Verfügung stehendes Eigenkapital, können individuell passende Geschäftskonzepte gefunden werden. Franchiseinteressierte und potenzielle Existenzgründer fragen sich nämlich, wie sie „gute" und zu ihnen passende Systeme finden können. Generell werden viele Rechercheansätze geboten: Ob nach Branchen, Höhe des Eigenkapitals oder nach Kriterien, die besonders große Sicherheit versprechen. Jeder Interessent wird Systeme finden, die seinen Neigungen und Ansprüchen am nächsten kommen. Bis hin bspw. zu Konzepten, die nebenberuflich und/oder im Home-Office betrieben werden können.Das FranchisePORTAL gibt zur weiteren Recherche entsprechende Hilfestellungen. Zum einen werden zu jedem System zahlreiche Möglichkeiten zur Information geboten, wie zum Beispiel in der eingangs erwähnten virtuellen Franchise-Messe. Stellt ein Interessent eine Anfrage an ein System, erhält er Zugang in einen internen Bereich mit weiterführenden Angaben zum Unternehmen. Ein Akademiebereich und weitere Tools sollen Gründungsinteressierte bei einer fundierten Entscheidung pro oder contra eines Franchise-Angebotes unterstützen. Auf diesem Weg wird es einem Interessenten gelingen, typische Fehler zu vermeiden.

Das FranchisePORTAL gibt zur weiteren Recherche entsprechende Hilfestellungen. Zum einen werden zu jedem System zahlreiche Möglichkeiten zur Information geboten. Stellt ein Interessent eine Anfrage bei einem System, erhält dieser automatisch ein Datenblatt mit ausführlichen Angaben zum Unternehmen. Dies dient einer noch besseren Einschätzung des Systems und erleichtert den ersten, fundierten Austausch mit dem Franchisegeber.

Zum anderen können sich die Interessenten sowohl auf der eigentlichen Website des FranchisePORTAL als auch auf dem Blog, über die Newsletter und in den sozialen Netzwerken (wie Facebook, Twitter, YouTube, Google+ etc.) ganz allgemein über Franchising informieren. Video-Interviews mit Experten der Franchisewirtschaft sowie Checklisten und weitere ausführliche Informationen zur hiesigen Franchisewirtschaft sollen den Interessenten eine realistische Einschätzung des Markts ermöglichen, was wiederum der Fehlervermeidung dienen soll.

Beispiele an Leistungen

PRAXISWISSEN für Franchisegeber & -nehmer

Was Sie wissen sollten: Erprobtes Expertenwissen mit praktischen Tipps rund um die Franchisenehmer-Gewinnung, Partnerbetreuung und Systemoptimierung stellen wir Ihnen in komprimierter Form vor.

BERATER & EXPERTEN für Franchisegeber & -nehmer

Es ist ganz entscheidend, die richtigen Unternehmensberater und Rechtsanwälte für Systemaufbau, Partnergewinnung, Systemoptimierung und Rechtsfragen zu finden.

E-BOOKS für Franchisegeber & -nehmer

In ausführlichen E-Books und kurzen Whitepapers behandeln wir wichtige Franchisethemen wie Franchisevertrag, Systemaufbau, Gebietsgestaltung, Standortauswahl, Handbuch, Marketing, Kommunikation, Widerrufsbelehrung etc.

CHECKLISTEN & TESTS für Franchisegeber & -nehmer

Ist Ihr Unternehmen bereit? Unsere Franchise-Checklisten und Selbsttests helfen bei der Einschätzung der persönlichen Eignung, des Systems, der Leistungen, des relevanten Marktes und des Vertrages.

VIDEORATGEBER für Franchisegeber & -Nehmer

Ratgeber-Videos informieren über interessante Franchisethemen rund um Systementwicklung, Partnergewinnung, Betreuungsleistungen und Rechtsfragen.

Kontakt:
Steffen Kessler
FranchisePORTAL GmbH
Chronos-Platz 1,
53773 Hennef
www.franchiseportal.de

3.2 Verbände und Organisationen

Der Deutsche Franchiseverband

Die etwa 930 in Deutschland aktiven Franchisesysteme erwirtschafteten im Jahr 2022 gemeinsam mit ihren rund 144.000 Franchisenehmerinnen und Franchisenehmern und fast 815.000 Mitarbeiterinnen und Mitarbeiter einen Umsatz von rund 142 Mrd. €. Aufgabe des Deutschen Franchiseverbandes ist es, ihre Interessen im wirtschaftspolitischen Umfeld zu vertreten – national wie international. 1978 gegründet hat er seinen Sitz in Berlin-Mitte, in unmittelbarer Nähe zur Politik. Als Qualitätsgemeinschaft steht der Deutsche Franchiseverband für Franchisegeberinnen/-geber und Franchisenehmerinnen/-nehmer gleichermaßen ein. Die Interessenvertretung ist zudem Dienstleisterin für seine Mitglieder und bietet ihnen zahlreiche Services und Leistungen. Aktuell sind etwa 450 Mitglieder im Verband organisiert. Neben Franchisesystemen in der Voll- oder Assoziierten Mitgliedschaft, sind das außerdem Experten und Expertinnen wie Beraterinnen und Berater sowie Anwältinnen und Anwälte.

Zur Hauptaufgabe des Verbandes zählt es, die Interessen der Franchisewirtschaft auf wirtschaftlicher, politischer und gesellschaftlicher Ebene zu vertreten. Hierzu bestehen enge Kontakte zu wirtschaftlichen und politischen Multiplikatoren, wie den entsprechenden Bundesministerien – vor allem dem Bundesministerium für Wirtschaft und Klimaschutz (BMWK) –, zum Deutschen Bundestag, zu Industrie- und Handelskammern, zur Bundesagentur für Arbeit und zu anderen Institutionen und Verbänden, mit denen der Deutsche Franchiseverband in inhaltlich verbunden ist. Auf internationaler Ebene ist der Deutsche Franchiseverband Mitglied in der European Franchise Federation (EFF) und dem World Franchise Council (WFC), die sich unter anderem in Richtlinien und Verordnungen der EU-Kommission in Brüssel Einfluss nehmen.

Ein weiteres wichtiges Ziel des Franchiseverbandes ist es, den Bekanntheitsgrad und das Image des Franchisings in Deutschland nachhaltig und positiv zu besetzen und die Finanzierung von Franchisenehmerinnen/-nehmern und Franchisegeberinnen/-gebern durch entsprechende Kooperationen zu fördern. Darüber hinaus werden die Verbandsmitglieder mit einem Profil im verbandseigenen Systemfinder aktiv bei der Leadgenerierung unterstützt.

Eine Grundlage der Verbandsarbeit ist der Ethikkodex. Dieser ist auf Basis des mit der EU-Kommission abgestimmten Verhaltenskodex der European Franchise Federation (EFF) entstanden und definiert verbindlich die Lesart des professionellen Franchisebegriffs. Der Ethikkodex benennt zudem Rechte und Pflichten von Franchisegeberinnen/-gebern und Franchisenehmerinnen/-nehmern sowie den im Franchise aktiven Beraterinnen und Beratern sowie Expertinnen und Experten und ist damit eine wichtige Säule des professionellen Franchisings in Deutschland. Franchisegeberinnen und Franchisegeber, die Verbandsmitglied werden wollen, unterliegen einer strengen Aufnahmeordnung, in der sie belegen müssen, dass sie den Ethikkodex achten und dementsprechend handeln.

Ein weiteres und maßgebliches Qualitätskriterium für die Vollmitgliedschaft im Deutschen Franchiseverband ist Systemcheck. Franchiseunternehmen, die eine Vollmitgliedschaft anstreben, müssen diesen erfolgreich absolvieren und in dreijährigem Turnus bestätigen lassen. Mit dem Systemcheck bietet der Franchiseverband ein entscheidendes Alleinstellungsmerkmal im Bereich der Selbstregulierung des professionellen Franchisings. Das Qualitätssiegel hat eine bedeutende Strahlkraft bei relevanten Multiplikatoren, Geldinstituten und Franchisenehmerinnen und Franchisenehmern. Verantwortlich für die wissenschaftliche und unabhängige Kontrolle ist das Internationale Centrum für Franchising und Cooperation (F&C) in Münster.

3.2.1 Vorteile für Franchisegeberinnen/-geber und Franchisenehmerinnen/-nehmer

Mitglieder des Deutschen Franchiseverbandes werden stetig betreut, mit Brancheninformationen und Fachwissen versorgt und erhalten aktive Unterstützung bei der Gewinnung von qualifizierten Franchisenehmerinnen und Franchisenehmern. Innovative, meist digitale Veranstaltungsformate (z. B. Round Table, Fokusgruppen, Stammtischen, Ausschusssitzungen) sowie die wichtigen Präsenztermine Franchise Forum und Franchise Expo Germany bieten eine wichtige Plattform für den branchenübergreifenden Austausch, Knowhow-Transfer und das Matching von potenziellen Gründerinnen und Gründern mit dem passenden Franchisekonzept.

Franchisesysteme, die ins Ausland expandieren oder aus dem Ausland nach Deutschland kommen wollen, sowie Existenzgründerinnen und Existenzgründer können eine fundierte Beratung beim Verband in Anspruch nehmen und detaillierte Informationen erhalten.

In der Rechtsdatenbank des Deutschen Franchiseverbandes haben Mitglieder sowie externe Interessenten (gegen Gebühr) die Möglichkeit, eine umfassende Sammlung franchiserelevanter Urteile und Entscheidungen einzusehen. In Streitfällen steht Franchisegeberinnen/-gebern und Franchisenehmerinnen/- nehmern das Mediations- oder Ombudsmannverfahren zur außergerichtlichen Schlichtung zur Verfügung.

Besonders engagiert sich der Deutschen Franchiseverband auch für die langfristige Förderung des Franchisings in Deutschland und setzt sich deshalb aktiv für die Aus- und Weiterbildung ein. Das dem Franchiseverband angeschlossene Deutsche Franchise Institut bietet ein großes Angebot an praxisnahen Schulungen und Seminaren für Franchisegeberinnen und Franchisegeber, sowie ihren Mitarbeiterinnen und Mitarbeitern der Systemzentralen.

Mehr zum Deutschen Franchiseverband unter: www.franchiseverband.com

Der Österreichische Franchise-Verband (ÖFV)
Der Österreichische Franchise-Verband (ÖFV) vertritt seit über 30 Jahren die Interessen der österreichischen Franchise-Wirtschaft. Der Verband setzt sich dafür ein, Franchise-Geber*innen, Franchise-Partner*innen, Franchise-Expert*innen, potenzielle Franchise-Partner*innen und Interessierte zu vernetzen. Als zentraler Repräsentant und integrativer Motor der österreichischen Franchise-Landschaft hat der Verband insbesondere die Aufgabe, die Interessen der Franchise-Wirtschaft wahrzunehmen und aktiv den Austausch mit Wirtschaft, Wissenschaft, Politik und der Öffentlichkeit zu fördern.

Fakten zur österreichischen Franchise-Wirtschaft:
In Österreich sind mehr als 500 nationale und internationale Franchise-Systeme aktiv. Über 10.000 Franchise-Partner*innen betreiben mit rund 90.000 Beschäftigten über 12.000 Standorte. Der jährlich geschätzte Netto-Umsatz der Branche beläuft sich auf rund 12 Mrd. €.

Mitglieder als Qualitätsgemeinschaft
Die Mitglieder im Österreichischen Franchise-Verband repräsentieren die Qualitätsgemeinschaft des Franchisings in Österreich. Dies schließt etablierte Systeme ebenso ein wie junge, wachstumsstarke Unternehmen. Der Verband engagiert sich insbesondere für die Wahrnehmung der Interessen der Franchise-Wirtschaft, die Steigerung des Bekanntheitsgrades des Franchisings, die Förderung eines positiven Images in der Öffentlichkeit sowie die Unterstützung von seriösem Franchising und nachhaltiger Qualitätssicherung.

Kernkompetenzen des ÖFV
Der Österreichische Franchise-Verband fungiert als Kompetenzzentrum für Franchising und bietet eine breite Informationsplattform für Franchise-Interessent*innen sowie potenzielle Franchise-Partner*innen. Zu seinen Kernaufgaben gehören Franchise-Lobbying, die Förderung der Qualität des Franchisings durch den ÖFV System-Check, die Unterstützung des Unternehmertums sowie die Organisation von Franchise-Veranstaltungen. Der Verband fördert den Erfahrungsaustausch unter seinen Mitgliedern, vergibt die österreichischen Franchise-Awards und bündelt Expert*innen-Know-how. Zudem erhebt er u. a. die Franchise-Statistik, um einen umfassenden Überblick über die Branche zu gewährleisten.

Ethik-Kodex
Mit dem Ethik-Kodex des ÖFV positioniert sich die Franchise-Wirtschaft nicht nur als erfolgreiches ökonomisches Modell; sie bekennt sich auch zu einem respektvollen Miteinander mit Partner*innen, Mitarbeiter*innen und Kund*innen und zu einem sorgsamen Umgang mit unserer Umwelt. Der Ethik-Kodex ist eine Selbstverpflichtung des Verbandes, also für alle, die ihm angehören wollen. In den Kernaussagen hält dieser 2023 beschlossene Kodex fest, dass es nicht um ein Entweder-Oder – entweder Geschäft oder Ethik – geht, sondern um die Synthese: als Franchise-Wirtschaft wollen wir sowohl öko-

nomisch als auch sozial und in Bezug auf unsere Umwelt nachhaltig agieren. Damit tritt der Verband auch eine klare Aussage, wie wir die Beziehung zur Außenwelt sehen: Nachhaltig und miteinander!

Mehr zum Österreichischen Franchiseverband unter: www.franchise.at

Gründerservice der Wirtschaftskammern Österreichs
Für Gründungsinteressierte und Start-ups ist das Gründerservice der Wirtschaftskammern die erste Adresse. Über 90 Mal steht es mit seinen Beratern und Experten in ganz Österreich zu den Themen Gründung, Betriebsnachfolge und Franchising zur Verfügung. Das Leistungsangebot reicht von professioneller Unterstützung in rechtlichen und betriebswirtschaftlichen Belangen, bis hin zu Konzepterstellung und Konzept-Check sowie NeuFöG-Beratung.

Aufstellung der Unterstützung
In den 90 Gründerservice- sowie Bezirks- und Regionalstellen der Wirtschaftskammern stehen Experten für **Beratungen** zur Verfügung:

- Rechtliche und betriebswirtschaftliche Beratung (Gewerberecht, Rechtsform, Sozialversicherung, Steuern, Finanzierung, Förderungen, Standort, Betriebsanlagengenehmigung).
- Franchiseberatungen
- NeuFöG-Beratung und elektronische Gewerbeanmeldung

Alle Kontaktdaten finden sich unter www.gruenderservice.at/kontakt.

Alle wesentlichen Informationen rund um die Gründung finden sich im Leitfaden für Gründerinnen und Gründer. Wichtige Tipps rund ums Franchising für angehende Franchisegründer und Franchisesysteme sind im Leitfaden für Franchising verfügbar. Die Leitfäden sind auf www.gruenderservice.at/publikationen kostenlos erhältlich.

Darüber hinaus gibt es noch eine Reihe an Infoblättern, die Detailinformationen zu verschiedenen Themen beinhalten: www.gruenderservice.at/publikationen

Beispiele für Hilfestellung und Informationen

- **Mindestumsatzberechnung:** Die Online-Mindestumsatzberechnung ermittelt den unbedingt erforderlichen Umsatz, der für die Deckung der privaten Ausgaben, der kommenden Fixkosten und der voraussichtlichen Betriebskosten notwendig ist.
- **Businessplan:** Die innovative und kostenlose Planrechnungssoftware „Plan4You" erstellt auf Knopfdruck Plan-Bilanz und Plan-Gewinn und Verlustrechnung bzw. Ergebnisübersicht für Einnahmen-Ausgaben-Rechner.

- www.i2b.at: Hier finden sich Informationen zu den Tools von i2b und dem jährlich stattfindenden Businessplan-Wettbewerb. Begleitend dazu sind auch das Businessplan-Handbuch „Gründen mit Konzept", der Online-Businessplan-Assistent, die e-Learning-Plattform und kostenloses Experten-Feedback besonders hilfreich.
- **Rechtsformratgeber:** Der Rechtsform-Ratgeber informiert und hilft bei der Wahl der Rechtsform. Darüber hinaus klärt er auf, welche Rechtsformen für das eigene Unternehmen möglich sind oder welche den angegebenen Kriterien nicht entsprechen.
- **Finanzierungsratgeber:** Mit diesem Online-Ratgeber erfahren Gründer und Unternehmer, welche Finanzierungsoptionen es bei innovativen Projekten, Investitionen, beim Export oder zur Vorfinanzierung von Großaufträgen gibt.
- **Franchisebörse**|www.franchiseboerse.at
- Die Online-Franchisebörse bietet einen topaktuellen Überblick über die Franchiseszene und bringt Franchisegeber mit Franchiseinteressierten zusammen. Die Börse beinhaltet eine Liste jener Systeme, die Partner in Österreich suchen.

Mitgliedschaft notwendig
Die Beratungen und Serviceleistungen sind kostenlos.
Kontaktdaten
Wirtschaftskammern Österreichs
gruender@wko.at
www.gruenderservice.at
www.gruenderservice.at/kontakt

Schlusswort der Autoren

Nach unseren Erfahrungen wird das Thema Franchiserecht und Franchisevertrag oft als Nebensache im Rahmen der Entwicklung eines Franchisesystems gesehen.

Franchiseverträge werden zusammengestückelt oder aus dem Internet herauskopiert.

Aus Sicht eines Start-ups eine verständliche Handlung, um die Ausgaben zu reduzieren, unter dem Aspekt der Rechtssicherheit oder aus der strategischen Sicht ein schwerwiegender Fehler, der im Nachhinein sehr teuer zu stehen kommt.

Grundlegend wollten wir in diesem Buch vermitteln, dass ein Franchisevertrag der Reißverschluss eines Koffers ist, durch den Prozesse, Abläufe, Systemgedanken und Richtlinien miteinander verbunden werden.

Um einen rechtssicheren und auch zum Franchisesystem passenden Franchisevertrag aufzubauen, ist es wichtig, den richtigen Anwalt mit Erfahrung beim Thema „Franchising" zu finden.

Bei der Erstellung eines Franchisevertrages sollte jedes Franchisesystem seine organisatorischen Fragen, gegebenenfalls mit einem erfahrenen Berater aufarbeiten, seine Strategien hinterfragen, um Fallstricke bereits in den Anfängen, aber auch in der Entwicklung zu vermeiden. Auf Basis dieser Informationen kann ein erfahrener Franchiseanwalt das Gerüst des Franchisevertrages erstellen und damit Rechtssicherheit schaffen und den Franchisegeber auch in seinen zukünftigen Fragen als Partner begleiten.

Rechtsstreitigkeiten oder Forderungen von Franchisenehmern, welche durch Fehler im System verursacht werden, schaden dem Franchisesystem in seinen Ressourcen, der Produktivität, aber auch seinem guten Ruf als Marke ungemein und nicht selten sind Expansionen oder selbst geniale Franchiseideen dadurch gescheitert.

H. Riedl, M. Niklas, *Der Franchisevertrag*, https://doi.org/10.1007/978-3-658-42594-4

Kolibri 360 GmbH
Ferdinand-Jühlke-Straße 7
99095 Erfurt, Deutschland
produktsicherheit@kolibri360.de